Quiero ser
Product Manager
De programador a Product Manager

por
Claudio Marrero

Javascript

console.log("Hello World")

Python

```
print("Hello World")
```

ÍNDICE

c#

```
Console.WriteLine("Hello World")
```

DEDICATORIA

Dedico este libro a mi amada esposa, que ha sido mi roca durante todo este proceso. Su amor, apoyo y ánimo han sido fundamentales para que pudiera completar este proyecto.

Este libro es una pequeña muestra de todo lo que hemos construido juntos.

Te amo.

PHP

echo "Hello World"

PRÓLOGO

En el año 2013, estando al frente de una *start-up* como CTO, tuve una revelación después de que nuestro lanzamiento inicial se convirtiera en un fracaso: **el valor percibido por el usuario es a menudo menor que el valor real propuesto**. Esto, por supuesto, no es nada nuevo para cualquier *product owner* o *product manager* que se dedique a obtener *feedback* de los usuarios, es moneda corriente.

Este «descubrimiento» me llevó a cambiar de carrera y a enfocarme en entender al usuario, su problema real, cómo lo percibe y crear estrategias basadas en ese problema, en lugar de concentrarme en crear productos tecnológicamente perfectos con miles de funcionalidades increíbles. **En otras palabras, cambié mi enfoque de «Hola Mundo» a «Hola Usuario».**

Este libro está dirigido principalmente a personas que tengan un presente o pasado técnico, ya sea en programación, diseño o cualquier otra especialización dentro de la cadena de valor del desarrollo de productos tecnológicos, pero que quieren redirigir su carrera hacia el rol de gerente de producto, comúnmente llamado por su nombre en inglés, *product manager*, aunque espero que también sea de gran utilidad para *product owners* o *product managers* con un pasado técnico y que quieran llevar su carrera al siguiente nivel.

Este es un cambio cada vez más común, ya que es una transición lógica. Lo bueno es que la experiencia en casi cualquier especialización técnica puede ser muy valiosa en el campo del *product management*, puesto que ambos roles implican resolución de problemas y pensamiento lógico. Sin embargo, es importante tener en cuenta que se requiere un conjunto de habilidades y conocimientos diferentes a los necesarios para ser un buen especialista.

En este libro, no solo te contaré todo lo que necesitas saber sobre cómo desempeñarte como *product manager*, sino también sobre todas las habilidades que nadie te cuenta que debes tener, cómo desarrollarlas y en qué debes enfocarte dependiendo del momento de tu carrera.

Este libro está diseñado por niveles, de la misma manera que cuando comienzas con un juego tienes un tutorial donde aprendes las técnicas básicas, los conceptos, cómo interactúas con cada elemento, etc., y luego vas evolucionado superando cada nivel, experimentando y adquiriendo nuevas habilidades, evolucionar en o hacia un nuevo rol requiere aprender lo básico y luego ir puliendo cada una de las técnicas aprendidas, por lo que espero que este libro te acompañe a lo largo de tu carrera y puedas interpretar desde diferentes puntos de vista los desafíos que te presentaré a lo largo del mismo.

Así como con cualquier producto, un buen *product manager* debe recopilar *feedback* o retroalimentación en español para absolutamente todo, por lo que para mí ha sido fundamental la opinión de más de 156 *product managers*, cada uno con una historia y una experiencia totalmente diferente, que me ayudaron a objetivizar mi visión y propósito con este libro. Por este motivo, encontrarás a lo largo de cada página una mezcla muy interesante de opiniones y visiones de experimentados profesionales en diferentes áreas, que me facilitaron la tarea de traducir el complejo mundo del *product management* a ejemplos y explicaciones sencillas.

Sin más preámbulos, ¡vamos a ello!

Java

```
System.out.println("Hello World");
```

TUTORIAL DE INICIACIÓN

INTRODUCCIÓN

Es difícil atribuir la invención del cargo de gerente de producto *(product manager)* a una sola persona o empresa, ya que este tipo de puesto ha evolucionado a lo largo del tiempo en respuesta a las necesidades de las empresas y los cambios en el mercado. Sin embargo, Neil H. McElroy, presidente de Procter & Gamble de 1957 a 1960, es generalmente considerado como uno de los pioneros en el enfoque de la gestión de marcas y la creación de equipos dedicados a la gestión de productos individuales. McElroy escribió un comunicado interno en 1957 en el que discutió la importancia de enfocarse en el desarrollo y la promoción de marcas individuales, en lugar de tratar a todos los productos de la empresa de manera uniforme. Esto llevó a la creación de un sistema de gestión de marcas en el que cada producto era asignado a un equipo de gerentes de producto responsables de su desarrollo y promoción. Este enfoque se ha convertido en una práctica común en muchas empresas y ha sido considerado como una de las principales contribuciones de McElroy.

Aunque puede ser difícil atribuir la invención del cargo de gerente de producto a una sola persona o empresa, al ver la evolución del rol a lo largo del tiempo, podemos ver un patrón: **el aumento de la diversificación de especializaciones y responsabilidades**. ¿Qué significa esto? Bueno, en lugar de tener un gerente general para todas las marcas, diversificar el foco poniendo a diferentes personas al frente de cada una de ellas permite a cada empresa analizar mejor los cambios que se deben realizar en cada producto y, de esta manera, tomar decisiones más rápidamente, lo que posibilita ahorrar miles de dólares en el proceso.

En la actualidad, es común ver a las empresas tecnológicas dividir el rol de gerente de producto en especializaciones más específicas. Por ejemplo, en un *e-commerce* podrías tener un *product manager* (PM) que se enfoca en la experiencia que el usuario tiene al navegar por el sitio y ver los diferentes productos que ofrecen, y otro PM que enfocado en la sección de *checkout* o carrito de compra. Esto permite a la empresa traducir de manera más clara y específica las acciones que debe realizar el equipo para evolucionar el producto.

Este rol es justo la **intersección entre la especialización y la gestión y compresión de las personas.**

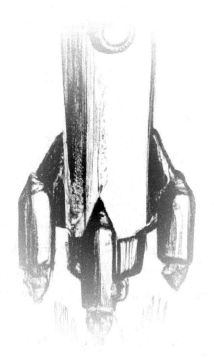

¿QUÉ ES EL PRODUCT MANAGEMENT?

El rol, de forma purista, es el proceso de dirigir el desarrollo y la implementación de un producto, desde la definición de la estrategia hasta el lanzamiento y la gestión del ciclo de vida del producto. Esto incluye trabajar con un equipo interdisciplinario de ingenieros, diseñadores, *marketers* y otros profesionales para asegurar que el producto cumpla con las necesidades y expectativas de los clientes y contribuya al éxito a largo plazo de la empresa. El *product management* implica un enfoque centrado en el usuario y una constante iteración y mejora basadas en datos y retroalimentación.

Pero en la práctica, si analizamos mi definición de intersección, el PM es un traductor de las necesidades de los usuarios y *stakeholders* (interesados en los resultados que se obtienen de tu gestión) a un lenguaje estratégico, que pueda ser comprendido tanto por la dirección de la compañía como por todo el equipo de especialistas, ya sea programadores, *marketers*, diseñadores, *product owners*, *product analysts*, etc.

Las complejas decisiones de un PM varían de empresa en empresa y más aún de sector en sector, esto se debe a que es un rol que ha de adaptarse a cada producto, por lo que las responsabilidades, experiencias y conocimientos de un PM pueden variar significativamente. Si tomamos una compañía que fabrica coches y otra muy diferente, como una plataforma de *streaming*, las responsabilidades, conocimientos, problemáticas y tareas diarias serán extremos de un mismo rol, y es por eso por lo que si estás transitando este viaje, debes entender que el sector en el que trabajes orientara tu carrera de manera muy significativa.

Quienes se suelen destacar en este papel son aquellos que tienen un conocimiento muy profundo del sector en el que su empresa se mueve, a los que les apasiona resolver problemas de ese sector y que intentan aprender aún más cómo ese mercado interactúa con su producto y otros productos similares.

En lo que resta de este tutorial de iniciación, vamos a intentar echar un vistazo a todas las técnicas, metodologías y buenas prácticas de este puesto, y aunque en muy corto plazo las olvides, nos serán de gran ayuda cuando exploremos los niveles más avanzados.

¿CUÁLES SON SUS RESPONSABILIDADES Y DESAFÍOS?

Tendremos la responsabilidad de definir la estrategia y el enfoque del producto, involucrar a los clientes y obtener su retroalimentación, trabajar con el equipo de desarrollo y el equipo de *marketing* para lanzar productos exitosos, medir su éxito y hacer ajustes en consecuencia, liderar un equipo de producto y fomentar una cultura de innovación.

Algunos de los desafíos a los que nos enfrentaremos incluyen equilibrar las necesidades de los clientes con las de la empresa, asegurarse de que el producto se lance a tiempo y dentro del presupuesto, y hacer frente a los cambios constantes en el mercado y en la tecnología. Además, tendremos que ser capaces de adaptarnos rápidamente y tomar decisiones basadas en información incompleta y cambiante.

Cuando comencé a navegar estas aguas, las empresas aún dudaban de la efectividad de incorporar a sus arquitecturas este tipo de roles, y es por eso por lo que no abundaba la información al respecto. Hoy es muy fácil perderse en la infinidad de blogs, libros y cursos que existen en las redes, y es común encontrar información que trata de vender el rol sin dar detalles de las responsabilidades que un PM debe asumir, por lo que he intentado resumirlas en estos doce puntos concretos: priorización, trabajo en equipo, gestión del tiempo, comunicación efectiva, toma de decisiones, cambios en el mercado, escalabilidad, equilibrio entre innovación y rentabilidad, gestión del cambio, gestión de la expectativa, gestión del riesgo y gestión de la calidad. Dependiendo de qué técnicas, metodologías o prácticas decidas utilizar, tendrás un estilo de gerencia u otro, pero ninguno te garantiza el éxito, eso lo veremos más adelante.

PRIORIZACIÓN

Uno de los principales desafíos de los PM es decidir qué características o funcionalidades deben incluirse en el producto. Esto es especialmente difícil cuando hay una gran cantidad de sugerencias y requisitos de diferentes partes interesadas.

La priorización de tareas comienza con una comprensión clara de los objetivos a largo plazo, una vez que se han establecido estos objetivos, es posible trabajar hacia atrás para identificar las tareas críticas que deben realizarse para lograrlos, en algunas metodologías esto se llama *retro-plan*. Estas tareas deben ser priorizadas por su importancia y urgencia, y se debe tener en cuenta el impacto esperado que tendrán en los objetivos a largo plazo.

Es necesario ser realista sobre cuánto se puede **lograr** en un período determinado y asignar recursos a las tareas que tienen el mayor impacto. Esto significa que es posible que tengas que delegar tareas menos importantes a otros miembros del equipo o posponerlas hasta un momento más adecuado.

Otro factor clave en la priorización de tareas es mantener un enfoque en la *flexibilidad* y la *adaptabilidad*. En el mundo del *product management*, las cosas cambian rápidamente y es posible que surjan nuevas tareas o problemas inesperados. Tendrás que ser capaz de reevaluar y realinear constantemente las tareas para asegurarte de que siempre se están enfocando en las tareas más importantes y relevantes.

Existen infinitos métodos, *frameworks* y metodologías para priorizar estas actividades; si bien profundizaremos más adelante en ello, estas son algunas de las más conocidas:

Método MOSCOW

este método divide las tareas en cuatro categorías: Debe tener *(Must-have)*, Debería tener *(Should-have),* Podría tener *(Could-have),* y No necesario en este momento *(Won't-have)*. Esto permite a los equipos priorizar las tareas y enfocarse en lo más importante primero.

Esta metodología la utilizo específicamente para ordenar mis propias tareas y estar siempre al día con lo más importante, pero no transmito ni coordino mediante la misma, ya que no me ha dado buenos resultados para trabajar en equipo, sobre todo, si se trata de equipos grandes.

Método KANBAN

Este método utiliza un tablero visual para seguir el progreso de las tareas a través de diferentes etapas de desarrollo. Los equipos pueden utilizar este método para identificar y priorizar las tareas más importantes y asegurarse de que se está avanzando en ellas de manera efectiva.

Herramientas como JIRA, Trello, Asana, Microsoft Planner y casi todas las herramientas de gestión tienen un tablero Kanban, y si bien es muy útil para organizar el comienzo de un proyecto, rápidamente se vuelve complejo para administrarlo y darle seguimiento. Solo lo recomiendo para fragmentos de iteraciones cortos, como *sprints* o sesiones de *design thinking*, entre otras.

Método ICE

Este sistema evalúa las tareas en términos de impacto, confiabilidad y esfuerzo. Los equipos pueden emplear esta evaluación para priorizar las tareas más importantes y asegurarse de que se están enfocando en aquellas que tienen el mayor impacto en el producto y la empresa.

Método RICE

Es similar al método ICE, pero también incluye una evaluación de la velocidad de implementación. Los equipos pueden utilizar este método para priorizar las tareas más importantes y asegurarse de que se están enfocando en aquellas que pueden implementarse de la manera más rápida y efectiva.

Tanto el método ICE como el RICE son muy eficaces cuando tu equipo debe ocuparse del BaU *(Business as usual)*. Ordenar el *backlog* de tareas con estas metodologías es altamente efectivo, pero trae la complejidad del análisis de cada tarea, lo que puede generar mucha controversia a la hora de darle un valor a cada asunto pendiente.

Método pick

Hace posible que los equipos seleccionen un número limitado de tareas para trabajar en cada ciclo de desarrollo. Posibilita que los equipos se enfoquen en un número menor de tareas para asegurarse de que se está avanzando en ellas de manera efectiva.

Método de valor y esfuerzo

Evalúa las tareas en términos de su valor para el negocio y el esfuerzo requerido para completarlas. Los equipos pueden utilizar esta evaluación para priorizar las tareas más importantes y asegurarse de que se están enfocando en aquellas que tienen mayor impacto en el producto y la empresa.

Método de valor y plazo

Es similar al método de valor y esfuerzo, pero también incluye una evaluación del plazo para completar la tarea. Se puede emplear para priorizar las tareas más importantes y asegurarse de que se están enfocando en aquellas que deben completarse en un periodo de tiempo más breve.

Método de valor y riesgo

se asemeja al método de valor y esfuerzo, pero también incluye una evaluación del riesgo asociado con cada tarea. Se puede usar para dar prioridad las tareas más importantes y asegurarse de que se están enfocando en aquellas que tienen el menor riesgo de incumplimiento.

En definitiva, priorizad de acuerdo con los resultados que tú y tus *stakeholders* queráis obtener. No existe una metodología perfecta, cada una está diseñada para un tipo de empresa, para un estilo de trabajo y para diferentes objetivos.

En mi caso, no utilizo una metodología única, tomo lo mejor de las que he mencionado antes y, según el equipo, las expectativas de los *stakeholders*, el mercado al que apunto, la madurez del producto (es decir, si acaba de comenzar o lleva varios años en el mercado), utilizo una u otra metodología, pero siempre mantengo transparencia hacia todo el equipo sobre cuáles son las reglas de priorización y los motivos, lo cual ayuda a mantenerlos motivados y con pleno contexto cuando los cambios son muy bruscos.

TRABAJO EN EQUIPO

Se requiere una gran cantidad de habilidades técnicas y de negocios para garantizar que un producto sea un éxito en el mercado. Como programador, probablemente ya tengas una fuerte comprensión de los aspectos técnicos del desarrollo de un producto. Sin embargo, el éxito también depende de habilidades como la comunicación, la negociación y la capacidad de liderazgo.

El trabajo en equipo es esencial para garantizar que todas estas habilidades se combinen de manera efectiva para lograr un resultado final de éxito. Al trabajar con otros departamentos, como el marketing, finanzas, ventas, etc., es posible obtener una visión más completa y equilibrada de las necesidades del mercado y de los clientes. Esto a su vez permite tomar decisiones informadas sobre el desarrollo y la estrategia de un producto.

Por lo tanto, el PM debe trabajar en estrecha colaboración con otros departamentos y para esto hay diversas metodologías que puedes utilizar que te ayudaran a ser efectivo en este proceso:

Scrum

esta metodología ágil se centra en la entrega rápida de pequeñas iteraciones de trabajo. Los equipos de Scrum se dividen en grupos multidisciplinarios de tamaño pequeño y utilizan reuniones diarias cortas llamadas «*stand-ups*» para mantenerse al día y resolver problemas.

Esta metodología es, hoy en día, probablemente la más conocida y la que la mayoría de las empresas de *software* utiliza, pero no dudes en adaptarla de acuerdo con la madurez de tus equipos; el proceso puede ser muy agotador para aquellas que no la han usado de forma purista.

Lean

Se centra en la evitar el desperdicio o las pérdidas de tiempo y en la entrega rápida. Los equipos Lean utilizan técnicas como el «análisis de valor» para identificar y eliminar actividades que no aportan valor al producto.

Design thinking

Centra el enfoque en el usuario y en la solución de problemas de manera creativa. Los equipos utilizan técnicas como la empatía y el prototipado rápido para entender las necesidades de los usuarios y desarrollar soluciones innovadoras. Utilizar el *design thinking* puede ayudarte a trabajar de manera más efectiva con equipos de diseño y de ingeniería para desarrollar productos que satisfagan las necesidades de los usuarios.

Safe (*scaled agile framework*)

Se trata de una metodología de gestión de proyectos diseñada para acelerar la entrega de *software* y servicios. Utiliza un enfoque en cascada y basado en iteraciones para planificar y entregar trabajo de manera incremental y continua. Esta metodología está diseñada para adaptarse a equipos y proyectos de diferentes tamaños y se enfoca en la entrega rápida y continua de valor al cliente. En SAFe, se dividen los proyectos en pequeñas partes llamadas «iteraciones» y se utiliza un tablero kanban para visualizar el trabajo en curso y el progreso. También se utilizan técnicas de planeación ágiles, como el planeamiento de la historia del usuario y el mapeo del flujo de valor, para definir y priorizar el trabajo que hay que realizar.

GESTIÓN DEL TIEMPO

Ser eficiente en la gestión de su tiempo y asegurarse de que su equipo también lo sea es una de las principales responsabilidades que tendrás como *product manager*.

Probablemente ya tengas una comprensión profunda de la importancia de la eficiencia y la organización en el desarrollo de software. Sin embargo, en el *product management*, la gestión del tiempo se vuelve aún más importante debido a la cantidad de responsabilidades y tareas que deben abordarse para garantizar el éxito de un producto.

Existe mucha controversia en cuanto a la gestión del tiempo de los equipos y muchos malentendidos, por ejemplo, que el equipo trabaje orientado a resultados no significa que no deba gestionar el tiempo o que existan hojas de ruta o fechas límite para las tareas. Las labores administrativas suelen ser muy tediosas para el equipo y las probabilidades de equivocación en las estimaciones en un mercado altamente cambiante son muy altas, pero, por suerte, tenemos algunas metodologías o buenas prácticas que nos ayudan en esta gestión:

Gtd (*getting things done*)

Se centra en la organización y la priorización de tareas. Se basa en la idea de capturar todas las tareas y proyectos en una lista central y luego organizarlas por orden de prioridad para maximizar la eficiencia y el rendimiento.

Te recomiendo ampliamente que leas el libro de David Allen *Organízate con eficacia*, donde habla en detalle de esta metodología, que más bien es un sistema de productividad y administración del tiempo que te ayuda completar tareas y gestionarlas.

Timeboxing

Se centra en la asignación de bloques de tiempo específicos a cada tarea o proyecto. Los *product managers* pueden utilizar el *timeboxing* para asegurarse de que están dedicando el tiempo adecuado a cada tarea y para evitar distracciones y desviaciones de su plan de trabajo.

Durante mi transición de la programación al *product management*, pasando por roles como líder técnico, CTO, etc., tuve que organizarme personalmente de esta manera. Creé un Excel donde categorizaba las tareas generales de mi día a día con el tiempo que dedicaba a cada una, y al final del día podía ver en qué enfocaba mi tiempo y descubrir por qué no lograba terminar las tareas más importantes según lo previsto.

Lean time management

se basa en la eliminación de las pérdidas de tiempo y en la optimización del mismo. Los *product managers* pueden utilizar técnicas como el «análisis de valor» y la «eliminación de tareas innecesarias» para asegurarse de que están enfocando su tiempo en las tareas y actividades más importantes. Además, es posible aplicar técnicas como la «planificación en lotes» y la «poda de ramas» para asegurarse de que no se sobrecarga de tareas al equipo y de que se está trabajando de manera eficaz. Utilizar el Lean Time Management puede hacer que los *product managers* sean más productivos y que alcancen sus objetivos de manera más eficiente.

Pomodoro

se fundamenta en la idea de trabajar en bloques de tiempo de 25 minutos, seguidos de un descanso corto. La idea es mantenerse centrado en una sola tarea durante el bloque de trabajo y luego tomar un descanso breve para recargar las pilas y prepararse para el siguiente bloque de trabajo.

Aunque no es del todo una metodología de gestión del tiempo de producto, he decidido mencionar esta práctica porque es de muchísima utilidad a la hora de calcular que cada miembro del equipo alcanza un día y medio de descanso al mes aproximadamente, si se tienen en cuenta los descansos de 15 minutos por cada hora de trabajo.

Además, es una práctica que recomiendo ampliamente para mantener la salud y la productividad del equipo, y que puede ser puesta en práctica con cualquier otra metodología de gestión que decidas implementar.

COMUNICACIÓN

Debes ser capaz de comunicar efectivamente tu visión del producto y tu estrategia a diferentes audiencias, incluyendo a los empleados, inversores y clientes, entre otros.

Bernard Werber publicó en su trilogía *Las Hormigas* esta frase que me parece excepcional: «Entre lo que pienso, lo que quiero decir, lo que creo decir, lo que digo, lo que tú quieres oír, lo que crees oír, lo que oyes, lo que quieres entender, lo que crees entender, hay diez posibilidades de que haya problemas en la comunicación», y si te has dado cuenta, hay solo nueve.

Tenemos que asumir que los problemas de comunicación serán inevitables uses la metodología que uses; lo único que puedes hacer es disminuir las probabilidades de crear malentendidos, y para eso, al igual que con el resto de los puntos, puedo darte algunas buenas prácticas:

Establecer una línea de comunicación clara y abierta

Los *product managers* deben establecer una línea de comunicación clara y abierta con su equipo y con otros *stakeholders* clave. Esto puede incluir reuniones periódicas, actualizaciones escritas y utilizar herramientas de colaboración en línea para mantener a todos informados de lo que está sucediendo.

Trabajar en la resolución de problemas

Cuando surjan problemas o desacuerdos, debes trabajar con otros para encontrar soluciones y llegar a acuerdos concretos. En más de una ocasión tendrás que hacer concesiones y será extremadamente incómodo, pero nunca dejes madurar un problema ya detectado, sea interno o externo.

Utilizar diferentes medios de comunicación

Es importante para asegurarse de que llegan a todas las personas relevantes. Esto puede incluir reuniones en persona, correos electrónicos, mensajes de texto, llamadas telefónicas y herramientas de colaboración en línea. Considera cuál es el medio de comunicación más apropiado para cada situación y asegúrate de utilizar el que sea más efectivo para transmitir la información de manera clara y concisa.

TOMA DE DECISIONES

Uno de los mayores desafíos que tendrás es tomar decisiones difíciles y mantener la calma en situaciones de mucho estrés. A menudo, deberás hacerlo basándote en datos incompletos o contradictorios, pero es importante que seas capaz de llevarlo a cabo de manera rápida y fiable.

Desde mi punto de vista, **la peor decisión es no tomar ninguna**; si hay algo que tenemos que hacer, es aprender continuamente, y la manera más efectiva de hacerlo es equivocándonos, por lo que, si no tomamos decisiones, no tendremos la oportunidad de aprender de nuestros errores.

Lo fundamental es equivocarnos «barato», y para eso nos ayudan las siguientes metodologías:

Pensamiento lean

Se basa en la supresión de tareas que nos hacen perder tiempo y en la optimización del valor. Puedes utilizar técnicas como el «análisis de valor» y la «eliminación de tareas innecesarias» para asegurarte de que están enfocando tu tiempo y esfuerzo en las tareas y actividades más importantes.

Toma de decisiones ágiles

consiste en la adaptación rápida y en la iteración constante. Puedes utilizar técnicas como el «*prototyping* rápido» y el «*feedback* constante» para asegurarte de que estás tomando decisiones de manera rápida y efectiva y de que estas adaptándose a los cambios en el mercado y a las necesidades de los usuarios.

Análisis de datos

puede ser una herramienta poderosa para tomar decisiones informadas. Los *product managers* pueden emplear técnicas como el «análisis de métricas clave» y el «análisis de encuestas de clientes» para obtener una comprensión profunda de lo que está funcionando y lo que no, y así tomar decisiones basadas en datos sólidos.

Toma de decisiones basada en principios

Se fundamenta en valores y principios clave. Los *product managers* pueden utilizar esta técnica para asegurarse de que sus decisiones están alineadas con los valores y objetivos de la empresa, y para evitar tomar decisiones que puedan poner en peligro la ética o la integridad de la misma. Algunas preguntas que los *product managers* pueden hacerse a sí mismos al utilizar esta técnica son: ¿es esta decisión consistente con nuestros valores y principios clave? ¿Es esta decisión beneficiosa para nuestros clientes y usuarios finales? ¿Es beneficiosa para la empresa a largo plazo?

Un referente que puedes leer sobre tomar decisiones basadas en principios es **Ray Dalio**, su libro, titulado *Principios*, es uno de mis preferidos e intento leerlo de nuevo cada vez que puedo.

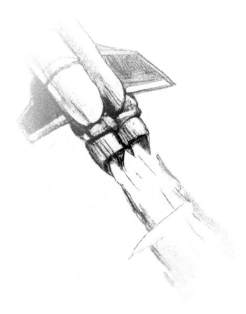

CAMBIOS EN EL MERCADO

Deberás estar siempre atento a los cambios en el mercado y adaptar tu estrategia en consecuencia. Esto puede incluir la introducción de nuevos productos o la modificación de los existentes para satisfacer las necesidades cambiantes de los clientes.

Hay muchos ejemplos muy conocidos de empresas que no han sabido hacerlo, como Blockbuster o Kodak, por decir mencionar algunos de los populares y granes fracasos. Además de las técnicas que te mencionaré en este punto, una de las actividades que recomiendo fuertemente es estar al día del nacimiento de nuevas *start-ups*, cuáles han sido invertidas o adquiridas, a qué mercado apuntan y qué tienen que ver con tu producto. En más de una ocasión me ha ayudado a tomar la decisión correcta para cambiar de estrategia y asegurarme de seguir siendo competitivo.

Realizar investigación de mercado

Supone estar al tanto de las tendencias y cambios en el mercado en el que opera tu empresa. Esto puede incluir la realización de encuestas de mercado, la participación en eventos y conferencias y la lectura de informes y estudios.

Participar en redes de profesionales

Los *product managers* pueden beneficiarse mucho de la participación en redes de profesionales y de asistir a eventos y conferencias de la industria. Esto les permite estar en contacto con otros profesionales y estar al tanto de las últimas tendencias y desarrollos en el sector.

Realizar sesiones de retroalimentación y seguimiento

Hablaremos mucho sobre este punto a lo largo del libro y tendremos todo un nivel sobre este tema, ya que las sesiones de retroalimentación y seguimiento regulares con tus equipos y otros departamentos de la empresa resultan fundamentales para el ciclo de vida del desarrollo de productos. Esto permite a los *product managers* mantenerse al tanto de los cambios y tomar decisiones informadas.

Utilizar herramientas de seguimiento y análisis

Hay muchas herramientas de seguimiento y análisis disponibles que pueden ayudar a los PM a mantenerse al tanto de los cambios y tendencias en el mercado. Por ejemplo, para un *e-commerce,* será útil tener herramientas de control de precios de la competencia, y para periódicos o magazines, saber cuáles son las categorías más leídas de sus rivales. Esto influirá en las decisiones que debas tomar a la hora de priorizar tus estrategias.

Si unificas toda la información interna de tu producto con la que puedas obtener del mercado y de tu competencia, podrás tomar decisiones con menor probabilidad de fracaso y asegurarte un ritmo de crecimiento con un riesgo moderado.

ESCALABILIDAD

A medida que el producto crece, el *product manager* debe tener un plan para escalar y gestionar el crecimiento sosteniblemente. Esto incluye la contratación y la gestión de un equipo más grande, y la implementación de procesos y sistemas adecuados para soportar el crecimiento.

Se puede fracasar por hacer las cosas mal, pero también por hacerlas bien. La incapacidad de asumir un incremento sustancial y sostenido de las ventas, es decir, la gestión de la responsabilidad de estar frente al éxito, es tan importante o más cuando se está frente al fracaso.

Enfoque de lean startup

Si bien ya he mencionado la metodología Lean varias veces, seguiré haciendo mención de este enfoque ya que Lean Startup se centra en la creación de productos mínimos viables (MVP) y en la realización de pruebas rápidas y continuas del mercado para ver cómo responde el público. Esto permite a los *product managers* tomar decisiones informadas sobre cómo escalar el producto y hacer cambios rápidamente, en función de la retroalimentación del mercado.

Técnicas de growth hacking

Se centra en la utilización de técnicas y herramientas no convencionales para impulsar el crecimiento del producto. Esto puede incluir el uso de técnicas de *marketing* digital, la automatización de procesos para impulsar el crecimiento del producto y estrategias de PLG *(product led growth)*, entre otras.

Técnicas de business model generation

Se enfoca en la creación de un modelo de negocio sólido y en la constante revisión y mejora de ese modelo. Esto puede ser útil para los *product managers* al tratar de escalar productos y asegurarse de que el modelo de negocio es sostenible a largo plazo.

Alexander Osterwalder ha escrito un libro excepcional sobre cómo crear estos modelos, *Business model Generation*, su lectura no es recomendable, sino obligatoria si estás o quieres estar al frente de un equipo de producto.

Técnicas de customer development

Se basa en el aprendizaje a través del contacto directo con los clientes y en la obtención de retroalimentación continua. Los *product managers* utilizarán este proceso en cada iteración, al tratar de escalar productos y asegurarse de que están satisfaciendo las necesidades de los clientes.

Si bien es parte de la metodología Lean, se merece hablar de este concepto de forma separada, ya que utilizaremos estas técnicas de forma individualizada para obtener información de los cambios permanentes de nuestro mercado.

EQUILIBRIO ENTRE
INNOVACIÓN Y RENTABILIDAD

El equilibrio entre innovación y rentabilidad es uno de los desafíos más importantes que enfrenta un gerente de producto. Por un lado, la innovación es crucial para mantenerse competitivo y atraer a los clientes, pero por otro lado, es importante asegurarse de que el producto sea rentable y tenga un retorno de inversión positivo.

El gerente de producto debe encontrar un equilibrio entre estos dos factores al evaluar y priorizar las características y funciones del producto. Esto puede incluir la consideración de factores como el costo de desarrollo, el potencial de ingresos y la capacidad de diferenciación en el mercado.

Esto significa asegurarse de que se están haciendo inversiones en el producto en áreas que realmente importan para los clientes y que se está obteniendo un retorno adecuado en esas inversiones.

La gestión de una innovación rentable debe ser un proceso incluido en cada una de las metodologías planteadas a la hora de definir objetivos, priorizarlos y ejecutarlos, y en la actualización de tecnologías, creación de nuevas funcionalidades, lanzamiento de nuevos productos.

Si bien exploraremos en detalle en este libro las diferentes estrategias, es importante mencionar algunas muy específicas:

Foco en el valor

Desarrollar características y funciones que realmente agreguen valor para los clientes y los diferencian de la competencia.

Priorización

Priorice las características y funciones del producto en función de su impacto en la rentabilidad y en la satisfacción del cliente.

Aprovechamiento de tecnologías emergentes

Manténgase actualizado con las tecnologías emergentes y explore cómo pueden ser utilizadas para mejorar el producto y aumentar su rentabilidad.

Prototipado rápido

Desarrolle prototipos rápidos para probar y validar ideas innovadoras antes de invertir en su desarrollo a gran escala.

Si incluyes todos los días un porcentaje de innovación a todo lo que hagas, nunca deberás preocuparte por ello.

GESTIÓN DEL CAMBIO

Debes ser capaz de liderar el cambio y convencer a otros de la necesidad de adoptar nuevas estrategias y enfoques. Esto puede ser especialmente difícil cuando se trata de cambios importantes que afectan a la cultura de la empresa o a la forma en que se hacen las cosas.

El gran desafío de «cambiar» es el miedo que genera el desconocimiento de lo que hay al otro lado del cambio, y estos miedos están generalmente asociados a una cultura que penaliza el fracaso.

Liderazgo transformacional

Un enfoque en el que el líder se centra en inspirar y motivar a los empleados a través de la visión y la comunicación clara de objetivos.

Un líder transformacional efectivo comprende la importancia de involucrar a su equipo en el proceso de cambio. Esto significa escuchar las ideas y opiniones de los miembros del equipo y trabajar juntos para encontrar soluciones innovadoras. Al hacer esto, el líder puede asegurarse de que todas las partes interesadas estén alineadas y trabajen juntas hacia un objetivo común.

Liderazgo situacional

Se centra en adaptar el estilo de liderazgo a la situación y las necesidades del equipo, en lugar de utilizar un estilo de liderazgo único para todas las situaciones.

El liderazgo situacional implica tres componentes clave: el conocimiento de sí mismo refiriéndose a la comprensión de las fortalezas y debilidades de uno mismo como líder, el conocimiento de los miembros del equipo que abarca la comprensión de las necesidades, habilidades y motivaciones de cada miembro del equipo y la capacidad de adaptación, cambiar el estilo de liderazgo en función de las necesidades y circunstancias específicas de la situación.

Coaching

Consiste en utilizar técnicas de *coaching* para ayudar a los empleados a desarrollar habilidades y competencias necesarias para adaptarse al cambio.

Es un proceso de apoyo y desarrollo personal que ayuda a las personas a lograr sus metas y alcanzar su máximo potencial. En el contexto de la gestión del cambio, el coaching puede ser una herramienta valiosa para acompañar a las personas y equipos a través de procesos de cambio y transformación.

Puede ayudar a los líderes y equipos a navegar el proceso de cambio de una manera más efectiva y proporcionar un espacio seguro y confidencial para las personas para explorar sus pensamientos, sentimientos y desafíos relacionados con el cambio. Utilizando técnicas de coaching puedes ayudar a las personas a identificar y abordar barreras y desafíos, y a desarrollar habilidades y estrategias para abordar el cambio de manera efectiva.

En el contexto de una reorganización empresarial, es común que los líderes y equipos sientan incertidumbre, ansiedad y estrés relacionados con el cambio. Un coach puede trabajar con estos líderes y equipos para ayudarles a identificar y abordar sus desafíos emocionales y a desarrollar estrategias para navegar el proceso de cambio de manera efectiva.

Cambio gradual

Implementar el cambio de manera gradual y paulatina, en lugar de hacerlo de manera repentina, puede ayudar a que los empleados se sientan más cómodos y se adapten mejor al cambio.

Es a menudo una estrategia preferida para implementar cambios en entornos empresariales complejos y regulados, donde un cambio radical puede tener consecuencias impredecibles y negativas. El cambio gradual también es una estrategia efectiva para implementar cambios en áreas sensibles, como la cultura y las relaciones laborales, donde un cambio radical puede ser perjudicial.

Sin embargo, el cambio gradual también puede ser más lento y costoso que el cambio radical, y puede requerir una mayor planificación y coordinación para asegurarse de que los cambios se implementen de manera efectiva y sostenible.

Gestión del miedo al cambio

Reconocer y abordar el miedo al cambio de los empleados de manera efectiva puede ayudar a aumentar su aceptación del mismo. Es una respuesta natural a la incertidumbre y la amenaza, y puede manifestarse como resistencia, ansiedad, negativismo o incluso sabotaje.

Capacitación y desarrollo

Proporcionar capacitación y desarrollo para ayudar a los empleados a adquirir las habilidades y competencias necesarias para adaptarse al cambio. Al invertir en la capacitación y el desarrollo de los empleados, las empresas pueden mejorar la productividad, aumentar la motivación y la satisfacción del empleado, y prepararse para los desafíos futuros.

Asegurar el apoyo y la participación de la alta dirección

Obtener el apoyo y la participación de la alta dirección es crucial para garantizar el éxito del cambio a largo plazo.

La alta dirección es responsable de establecer la visión y los objetivos de la organización, y de tomar decisiones estratégicas importantes. Sin este apoyo, es probable que la implementación sea mucho más difícil o directamente imposible ya que son ellos quienes proporcionan los recursos financieros, humanos y políticos que son esenciales para el éxito del cambio.

Asegurar el apoyo y la participación de la alta dirección no es algo que se pueda lograr de la noche a la mañana. Es un proceso continuo que requiere comunicación clara, una estrategia bien pensada y un plan de acción efectivo. Los líderes de la organización deben ser informados sobre los objetivos y los riesgos del cambio, y deben ser conscientes de su papel en su éxito.

En cuantas ocasiones has propuesto nuevas tecnologías, funcionalidades, metodologías, etc. que fueron rechazadas tanto por tu jefe directo como por el resto de los directivos de la compañía?. En mi caso me faltan dedos de las manos para contarlas y es que existe un costo oculto para alinear a todas las partes necesarias para que el cambio sea efectivo y esto no siempre es fácil de ver y proporcionar una estrategia clara.

Planificación y estrategia

Utilizar la planificación y la estrategia para anticipar y prepararse para el cambio, lo que puede ayudar a minimizar su impacto negativo.

La planificación es fundamental para el éxito de la gestión del cambio, ya que permite a los líderes de la organización considerar cuidadosamente los recursos necesarios, los tiempos, los riesgos y los impactos del cambio antes de implementarlo. Como así también, identificar cualquier desafío que pueda surgir durante el proceso de implementación, y permite desarrollar soluciones proactivas para abordarlos.

La estrategia, por otro lado, es el plan de acción general que se utiliza para lograr los objetivos establecidos en la planificación. La estrategia debe ser clara, flexible y adaptable a los cambios, ya que la gestión del cambio suele ser un proceso dinámico que requiere ajustes a medida que se implementa.

Comunicación efectiva

Utilizar la comunicación efectiva para asegurarse de que todos los empleados están al tanto de los cambios y entienden la razón detrás de ellos pero ten en cuenta que es más que solo transmitir información. También incluye escuchar activamente y considerar las perspectivas de todas las partes interesadas. Esto permite a los líderes de la organización abordar cualquier preocupación o desafío que surja durante el proceso de implementación.

Los mensajes deben ser fácilmente comprensibles para todos los destinatarios, y deben ser transmitidos de manera consistente y uniforme.

La comunicación también debe ser bidireccional, lo que significa que debe haber un intercambio de información y retroalimentación entre los líderes de la organización y los empleados. Esto permite a los líderes de la organización ajustar su enfoque y abordar cualquier desafío que surja a medida que se implementan los cambios organizacionales.

GESTIÓN DE LA EXPECTATIVA

Debes ser capaz de gestionar las expectativas de las diferentes partes interesadas, incluyendo a los empleados, los inversores y los clientes. Esto significa asegurarse de que todos entiendan los objetivos a largo plazo y cómo el producto se está acercando a ellos, así como manejar adecuadamente las expectativas en términos de plazos y características.

De todos los puntos mencionados hasta ahora, creo que este en particular es uno de los más complejos, por eso me gustaría citar tanto a **Eric Ries** y a **Steve Blank**, ambos expertos referentes en metodologías Lean:

Ciclo de vida en etapas o *build-measure-learn*

Ries introduce este enfoque en su libro *The Lean Startup*, donde se enfatiza la importancia de construir una versión mínima viable del producto (MVP) y medir los resultados en cada etapa para aprender y mejorar continuamente. Esto permite a los equipos de producto gestionar las expectativas de los inversores y otros interesados al proporcionar una visión clara de los progresos realizados y de cómo se están acercando a los objetivos a largo plazo.

Experimentos en cascada o *cascading goals*

Blank utiliza este enfoque en su libro *The Four Steps to the Epiphany* para ayudar a las empresas a desarrollar productos de manera más eficiente. Se basa en la idea de que las metas deben establecerse a nivel de empresa, y luego desglosarse en metas más específicas a nivel de producto y de equipo. Esto permite a los equipos de producto gestionar las expectativas de manera más efectiva, al proporcionar una estructura clara para alcanzar los objetivos a largo plazo.

Metodología de diseño de cliente

Ries y Blank también han destacado la importancia de involucrar a los clientes en el proceso de desarrollo de productos. Esto puede incluir la realización de entrevistas de cliente, el diseño de encuestas y la participación en grupos focales para comprender mejor las necesidades y expectativas de los compradores. Al involucrar a los clientes de esta manera, los equipos de producto pueden gestionar mejor las expectativas de los compradores al proporcionar un producto que satisface sus necesidades.

GESTIÓN DEL RIESGO

Evaluar y gestionar los riesgos asociados con el lanzamiento y el desarrollo de un producto es un continuo dolor de cabeza que deberás tener en cuenta. Esto puede incluir la identificación de posibles problemas técnicos o de mercado y la implementación de medidas para mitigar esos riesgos.

Análisis de riesgos

Esta técnica implica reconocer y evaluar los riesgos potenciales asociados con un proyecto. Esto incluye la identificación de los factores que pueden afectar negativamente al proyecto, la evaluación de la probabilidad de que ocurran esos riesgos y la determinación de las consecuencias si se producen.

Planificación de la contingencia

Consiste en desarrollar planes de acción para hacer frente a las amenazas identificadas. Entre estas acciones destacan la implementación de medidas preventivas para evitar que los riesgos ocurran y los planes de respuesta para hacer frente a los problemas si ocurren.

Monitoreo y control del riesgo

Una vez que se han implementado las medidas para gestionar los riesgos, es importante monitorear continuamente el progreso del proyecto para detectar cualquier cambio en el panorama de riesgos. Esto puede incluir la realización de evaluaciones periódicas del riesgo y la implementación de medidas de control para mitigar cualquier amenaza nueva o cambiante.

GESTIÓN DE LA CALIDAD

La gestión de la calidad es un enfoque integral para mejorar continuamente la eficacia y la eficiencia de los productos y servicios de una organización. Se trata de asegurarse de que los productos y servicios cumplen con las expectativas de los clientes y los estándares de calidad de la industria. Deberás ser el responsable de garantizar que el producto cumpla con los estándares de calidad y con los requisitos de los clientes.

Esto incluye la gestión de la calidad durante el desarrollo y el lanzamiento del producto, así como la resolución de problemas de calidad una vez que el producto está en el mercado.

Calidad en el diseño

Involucra asegurar la calidad del producto desde el principio, a través de la identificación y eliminación de posibles fallos durante el diseño. Por supuesto que no es el *product manager* quien realiza estas pruebas, pero es quien debe asegurarse de que se hagan a conciencia y dedicar el tiempo que corresponde al proyecto, incluyendo la gestión de calidad en cada ciclo.

Monitoreo y medición de la calidad

Supone establecer métricas y monitorear el rendimiento del producto para garantizar que cumpla con los estándares de calidad. Esto implica la recopilación y análisis de datos sobre la calidad de los productos y servicios. Los resultados de estos análisis deben utilizarse para identificar áreas de mejora y para desarrollar estrategias para mejorar la calidad.

Capacitación y desarrollo del equipo

Implica asegurarse de que el equipo tenga las habilidades y conocimientos necesarios para trabajar de manera efectiva en la gestión de la calidad.

Es un rol desafiante que requiere una combinación de habilidades, técnicas y liderazgo. Deberás ser capaz de trabajar en equipo, tomar decisiones difíciles, gestionar el tiempo y la expectativa de las diferentes partes interesadas y adaptarte a los cambios en el mercado.

También tendrás que garantizar la calidad del producto y gestionar los riesgos asociados con su desarrollo y lanzamiento.

¿PROJECT MANAGER O PRODUCT MANAGER?

Aunque, hoy en día, tanto los directivos de las empresas como el personal de RR. HH. encargado de hacer la búsqueda y selección de personal ya no suelen cometer estos errores, era habitual leer descripciones de ofertas laborales con el título de *product manager* y un listado de responsabilidades y desafíos que literalmente definen a un *project manager*.

En más de una ocasión he tenido que explicar la diferencia a diferentes directivos de empresas muy reconocidas, diapositivas de por medio, y con muchísimas miradas de escepticismo. Sin embargo, actualmente estos mismos directivos no conciben una estructura empresarial sin este rol.

Si tuviera que elegir lo que me parece más importante en cuanto sus diferencias, es que un *project manager* no necesita tener conocimiento de un sector del mercado para desempeñar a la perfección su papel, ya que se trata de la gestión de las tareas, sus fechas de entrega, y el seguimiento pero no la definición y priorización de las tareas basadas en las necesidades de un mercado objetivo.

PROJECT MANAGEMENT & PRODUCT MANAGEMENT

Project Management	Product Management
Se enfoca en la planificación, organización y ejecución de proyectos a corto plazo, con un alcance y objetivos definidos	Se enfoca en la estrategia a largo plazo y en la creación y desarrollo de productos
Se centra en la entrega de resultados a corto plazo y en cumplir con los tiempos y presupuestos establecidos	Se centra en el valor a largo plazo que el producto aporta a los clientes y a la empresa
Se ocupa de la gestión de recursos y de la coordinación de equipos interdisciplinarios para llevar a cabo proyectos específicos	Se ocupa de la gestión del ciclo de vida del producto y de la toma de decisiones estratégicas sobre la dirección del mismo
Suele ser un rol más táctico y se enfoca en la ejecución de tareas y en la solución de problemas a corto plazo	Suele ser un puesto más estratégico y se enfoca en la toma de decisiones a largo plazo sobre la dirección del producto y en la identificación de oportunidades de mercado

En cuanto al crecimiento habitual de cada puesto, el **project manager** suele requerir habilidades más técnicas y operativas, como la capacidad de planificar y organizar proyectos de manera eficiente y de trabajar bajo presión y con plazos apretados. El **product manager**, por otro lado, suele requerir una combinación de habilidades técnicas y estratégicas, como la capacidad de entender a los clientes y las necesidades del mercado, de tomar decisiones a largo plazo sobre la dirección del producto y de liderar equipos de desarrollo y *marketing*.

En términos de la formación académica, es común que las personas que quieren ser *project managers* tengan una formación en ingeniería, informática o ciencias de la información; mientras que las personas que quieren ser *product managers* pueden tener una formación en cualquier campo, desde ingeniería hasta negocios o *marketing*.

En cuanto al avance en la carrera profesional, ambos roles suelen tener un alto potencial de crecimiento y pueden llevar a posiciones de liderazgo en el área de tecnología o negocios. Sin embargo, el *project management* suele enfocarse en la entrega a corto plazo de proyectos específicos, mientras que el *product management* se centra en la estrategia a largo plazo y en la toma de decisiones sobre la dirección del producto. Por lo tanto, las personas que quieren avanzar en el campo del *product management* pueden tener mayores oportunidades de liderar equipos y tomar decisiones estratégicas a nivel de empresa.

Es muy común que los fundadores de *start-ups*, CEO de empresas y líderes de negocios en general hayan trabajado como *product managers* o puestos similares.

ROLES QUE SE RELACIONAN HABITUALMENTE CON UN *PRODUCT MANAGER*

Cada empresa tiene una arquitectura única, tanto los nombres de los puestos como la responsabilidad y el foco de cada uno es diferente en cada negocio, pero en términos generales, estarás en una constante relación con los siguientes roles:

Head of product

Es el líder del equipo de producto y por lo general tu líder directo. Es el encargado de la estrategia a largo plazo y de la toma de decisiones sobre la dirección del producto. Además, responsable gestiona el ciclo de vida del producto y se asegura de que el equipo de producto esté alineado con la estrategia de la empresa.

Product owner

Es a quien lidera un PM de forma directa, y su principal aliado en todo el proceso de desarrollo de producto. Es el responsable de definir la visión y el propósito del producto y de establecer objetivos y métricas de éxito para este. También es responsable de involucrar a los clientes y obtener su retroalimentación y de trabajar con el equipo de desarrollo para garantizar que se cumplan los plazos y presupuestos.

Scrum master

Es quien se asegura de que el equipo de desarrollo siga el marco de trabajo ágil Scrum y de eliminar obstáculos que impidan el avance del equipo. También es el responsable de facilitar el trabajo en equipo y de garantizar que el equipo siga el proceso de desarrollo de producto.

Líder técnico

Es el responsable de liderar y coordinar a un equipo de ingenieros y desarrolladores para cumplir los objetivos técnicos y la calidad del producto. Debe tener conocimiento exhaustivo de las tecnologías y plataformas relevantes y ser capaz de tomar decisiones técnicas importantes.

UX

Se centra en cómo se siente el usuario al interactuar con un producto. Su papel es crucial para garantizar que el producto sea fácil de usar y atractivo para los usuarios.

Es esencial entender los objetivos y metas de la empresa y cómo el producto contribuye a ellos, comprender a los usuarios, tanto internos como externos, y cómo el producto puede abordar sus necesidades y problemas.

No quiero olvidarme de mencionar la importancia de identificar y gestionar conflictos y agendas personales que puedan afectar al proceso de creación del producto.

Ser un *product manager* exitoso requiere una combinación de habilidades técnicas y estratégicas, así como una comprensión profunda de las necesidades y desafíos de todas las partes involucradas.

¿QUÉ CUALIDADES SON NECESARIAS PARA SER *PRODUCT MANAGER*?

Al mismo tiempo que comencé a gestionar personas, empecé a desarrollar gran parte de las habilidades que después necesité como PM; a base de errores y miles de intentos diferentes, entendí lo que motivaba a mis equipos y el estilo de liderazgo que quería tener.

Si bien las diferentes metodologías y marcos de trabajo te permiten ser organizado, metódico y disminuir la cantidad de errores que se suelen cometer, también descubrí que no se puede liderar de la misma manera a dos personas diferentes, y que lo que verdaderamente importa es ser flexible y altamente creativo para descubrir cómo hacer que tu equipo cumpla los objetivos, sin disminuir su motivación y desempeño. Esto ha sido diferente con cada grupo: tuve equipos que requerían un exceso de comunicación a través de múltiples canales y una repetición constante de los objetivos, y otros que necesitaban solo reunirse una vez a la semana, como mucho.

Lo único constante es la habilidad de adaptarse a la dinámica del equipo.

Entonces, **¿QUÉ HABILIDAD DEBES DESARROLLAR PARA EJERCER ESTE ROL?**

Al igual que dividí las responsabilidades y desafíos en doce puntos clave, hay cuatro aptitudes que debes desarrollar: compresión técnica, habilidades de comunicación, liderazgo y habilidades de gestión, y análisis y pensamiento estratégico.

COMPRENSIÓN TÉCNICA

Venir del mundo de la programación me ha dado enormes ventajas a la hora de tomar decisiones. Comprender el mundo tecnológico desde la base, debatir con los diferentes equipos las propuestas tecnológicas y, sobre todo, entenderlas al detalle te permite contrastarlas con las necesidades de la empresa y de tus clientes; crear ese mapa de un extremo a otro es para mí la habilidad más importante. De hecho, es por eso por lo que escribo este libro, e invito a todos aquellos especialistas, ya sean programadores, diseñadores, etc., a que se aventuren al mundo del desarrollo de productos desde una visión más estratégica y no tan operativa.

Aunque no es necesario ser un experto en programación, diseño u otra especialidad, es importante tener una buena base en conocimientos tecnológicos y entender cómo funcionan los productos. Esto puede ser especialmente útil a la hora de trabajar con el equipo de desarrollo para asegurarse de que se cumplan los plazos y presupuestos.

HABILIDADES DE COMUNICACIÓN

Reuniones que duran más de quince minutos, desenfoque constante de lo importante, interlocutores ególatras que adoran escucharse a sí mismos, presentaciones con textos interminables... Todos hemos pasado por ello en algún momento, y por eso es fundamental desarrollar la capacidad de entender por qué, cómo, cuándo y con quién debes comunicarte.

Tendrás que ser capaz de expresarte de manera clara y efectiva tanto con el equipo de desarrollo como con el de *marketing*. Esto incluye habilidades de presentación, escritura y negociación, entre otras.

Habilidades de escucha activa

Debes ser capaz de escuchar atentamente a tus colegas, a los clientes y a otros *stakeholders* para entender sus necesidades y expectativas.

¿Qué significa escuchar activamente?

- Darle atención total al hablante, mantener el contacto visual y no distraerse con otros asuntos.

- Hacer preguntas abiertas ayuda a profundizar en el tema y obtener más información.

- Resumir y reflejar lo que se ha dicho para asegurarse de haber entendido correctamente y reflexionar sobre lo que se ha dicho para mostrar que se ha prestado atención.

- Evitar interrumpir y dejar que el hablante termine de expresarse antes de hacer preguntas o añadir comentarios.

- Mostrar empatía para demostrar que se comprenden las emociones y perspectivas del hablante establece una conexión y crea un ambiente de confianza.

Habilidades de presentación

Ser capaz de presentar la visión y estrategia de manera clara y concisa, tanto al equipo como a otros *stakeholders*.

- Dedicar el tiempo necesario para preparar la presentación de manera adecuada, incluyendo la estructura, el contenido y los recursos visuales.

- Utilizar una voz clara y firme y un lenguaje corporal confiado ayuda a captar la atención del público y a transmitir el mensaje de manera efectiva.

- Utilizar gráficos, imágenes y otros recursos visuales contribuye a ilustrar el mensaje y hace que la presentación sea más atractiva y fácil de entender.

- Asegurarse de que la presentación se ajuste al tiempo disponible y no se extienda demasiado.

- Establecer un diálogo con el público y responder a preguntas y comentarios de manera clara y concisa.

Habilidades de negociación

Tendrás que negociar con diferentes departamentos y *stakeholders* para obtener el apoyo y los recursos necesarios para cumplir con tus objetivos. En mi opinión, se trata de una de las habilidades más complejas y difíciles de aprender, cuyo aprendizaje es un proceso lleno de concesiones y frustraciones. Algunas técnicas de negociación son:

- **Negociación basada en intereses:** en lugar de centrarse en posiciones rígidas, esta técnica se centra en entender las necesidades e intereses subyacentes de cada parte y en buscar soluciones que beneficien a todos.

- **Negociación de *win-win*:** se basa en encontrar soluciones que sean beneficiosas para ambas partes, en lugar de tratar de imponer una posición.

- **Negociación distributiva:** también conocida como «ganar-perder», esta técnica tiene como objetivo la obtención del mayor beneficio posible para una parte a expensas de la otra.

- **Negociación colaborativa:** se fundamenta en el trabajo conjunto de las partes para encontrar soluciones creativas y beneficiosas para todos.

Habilidades de escritura

Es crucial ser capaz de comunicarse de manera clara y concisa tanto en correos electrónicos como en documentos más formales, como informes o propuestas.

Esto lo aprendí a la fuerza, recibiendo como respuesta a mis largos informes un «TL;DR», abreviatura de *too long; didn't read* (en español, «demasiado largo, no lo he leído»), por lo que cambié mis largos informes por un resumen de cinco frases, relatando los puntos más importantes y, según mi yo del pasado, dejando de lado contextos y matices que consideraba importantes y fundamentales.

Hoy en día, después de todos esos TL;DR, un *e-mail* de más de un párrafo o cinco o seis puntos clave lo considero totalmente innecesario, una pérdida de tiempo tanto para quien lo escribe como para sus destinatarios.

Para mejorar en esta habilidad, puedes seguir alguno de estos consejos:

- Utilizar un lenguaje claro y conciso, ser directo y evitar utilizar palabras rebuscadas o confusas.

- Utilizar un tono adecuado, adaptando el mensaje a la audiencia y al propósito del mismo.

- Tomarse el tiempo necesario para revisar y editar el mensaje y así asegurarse de que está libre de errores y que se expresa de manera clara y concisa.

Habilidades de comunicación verbal

Es primordial ser capaz de comunicarse de manera efectiva tanto en reuniones informales como en presentaciones formales.

Cuanta más experiencia adquiero, menos tecnicismos utilizo al hablar. Esto es habitual que le suceda a la mayoría de los profesionales de esta industria, sobre todo si tienen que interactuar con personas de diferentes roles, distintas experiencias o, simplemente, con interlocutores que no tienen contexto del lenguaje de producto.

Habilidades interpersonales

Ser capaz de trabajar de manera efectiva con una amplia gama de personas y de establecer relaciones positivas con ellas es algo fundamental.

Está muy relacionado con la comunicación verbal y escrita que mencionaba antes. Es necesario saber perfilar a las personas, entender el contexto de los *stakeholders* y los problemas de tus clientes, y tener la inteligencia emocional necesaria para poder comunicarte con todas estas personas de manera positiva y productiva.

LIDERAZGO Y HABILIDADES DE GESTIÓN

Actualmente, se habla mucho de liderazgo y hay poco nuevo que sumar a lo que ya se ha dicho, pero como mencioné anteriormente, tendrás que aprender a ser el líder con cada nuevo equipo. La cantidad de desafíos a los que un líder se enfrenta es equivalente al número de personas a las que lidera y sus conexiones entre sí, es decir, si lideras a cinco personas, tendrás un mínimo de veinticinco desafíos por delante.

Has de ser capaz de liderar y motivar a tu equipo y gestionar las relaciones con otros departamentos para garantizar que se cumplan los objetivos del producto. Además, tendrás que tomar decisiones difíciles y gestionar el ciclo de vida del producto y hacer ajustes en consecuencia.

- Establecer metas claras y alcanzables para el equipo y asegurarse de que todos entiendan cómo contribuir a ellas.

- Fomentar la comunicación abierta y la colaboración para que el equipo pueda trabajar de manera efectiva.
- Brindar orientación y apoyo a los miembros del equipo para ayudarlos a desarrollarse y alcanzar sus metas.

- Establecer responsabilidades y roles claros para cada miembro del equipo para asegurar una buena coordinación y evitar conflictos.

- Tomar decisiones de manera efectiva y basadas en datos para guiar al equipo hacia el éxito.

- Gestionar el tiempo y los recursos de manera efectiva para garantizar que se utilicen de manera óptima y se alcancen las metas del equipo.

ANÁLISIS Y PENSAMIENTO ESTRATÉGICO

El pensamiento estratégico es fundamental para la toma de decisiones y el desarrollo de planes a largo plazo. Esto implica considerar cómo nuestras acciones actuales afectarán nuestro futuro y cómo podemos alcanzar nuestras metas.

A pesar de las miles de herramientas que existen hoy en día para analizar datos, como, por ejemplo, Google Analytics, aptitude, Smartlook, Hotjar, Segment, Tableau y Periscope, las cuales intento usar, al final, tener un conocimiento muy especializado en hojas de cálculo resulta ser fundamental para el análisis de datos, gestión, e incluso para construir una opinión firme sobre las decisiones que debes tomar.

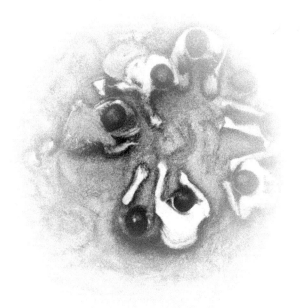

ES HORA DE JUGAR

Hemos finalizado el tutorial de iniciación en este juego de convertirnos en *product managers*. En este momento ya conocemos cuáles son las principales habilidades, metodologías y responsabilidades que tendremos que aprender a lo largo de estos siete niveles.

Es importante que, de acuerdo con todo lo que has leído, realices una introspección de tu personalidad y tus habilidades, tanto técnicas como blandas, y preguntes a tu entorno para conocerte objetivamente, para así concentrarte en desarrollar el lado más débil.

No quiero que este sea un libro lleno de conceptos y definiciones, pero esta introducción, que me ha llevado más de lo que me gustaría, creo que es totalmente necesaria para que al comenzar los siguientes niveles estés preparado y familiarizado con un mundo que puede ser extremadamente complejo, pero que, al mismo tiempo, estará lleno de increíbles aventuras que te darán satisfacciones muy poderosas, casi adictivas, donde la única pregunta es por qué no comenzaste antes este camino para convertirte en un *product manager* exitoso.

ASP

Response.Write("Hello World")

NIVEL 1
DEFINIR EL PRODUCTO CORRECTO

DEFINICIÓN DE ESTRATEGIAS Y ENFOQUE DE TU PRODUCTO

Cuando era pequeño, no más de ocho o nueve años, me regalaron mi primera bicicleta. Aún recuerdo esa increíble sensación de pensar que era una nave espacial y podía ir a donde quisiera, el olor a goma nueva de sus cubiertas y la sensación de libertad era inigualable. El primer día me eché a andar y de tanto ir y venir había marcado el asfalto en toda la calle; el segundo y tercer día lo mismo, y ya al finalizar la semana, esa sensación increíble se había desvanecido en el aburrimiento de no saber a dónde ir, ni por qué ni con quién hacerlo.

No tardé mucho en descubrir que, sin un destino claro, tener una bicicleta no era de mucha utilidad. Encontré el verdadero valor que tenía para mí **y era que me llevara a donde tenía que estar en el momento en que lo necesitaba,** y pasé de marcar el asfalto de la calle de mi casa a viajar por toda la ciudad, resultando indispensable para cumplir mis objetivos.

Es así, como tener una estrategia y enfoque claro le dan un sentido a la empresa, al producto, y por lo tanto al PM, que sin él una empresa no deja de ser un vehículo sin una dirección clara.

¿CÓMO DEFINIR LA VISIÓN Y EL PROPÓSITO DE TU PRODUCTO?

Comencemos por lo básico, un propósito es el motivo o razón de ser de algo, mientras que una visión es una imagen mental de cómo se quiere que sea el futuro de algo.

Un propósito es algo más profundo y duradero que una visión, que puede ser más específica y cambiar con el tiempo. Por ejemplo, el propósito de una empresa puede ser mejorar la calidad de vida de las personas, mientras que su visión puede ser convertirse en la empresa líder en su sector a nivel mundial.

Tener una visión clara y coherente para tu producto resulta fundamental, ya que esto te ayudará a guiar tus decisiones y a mantener el enfoque. Para definir la visión y el propósito de tu producto, puedes considerar preguntas como: ¿cuál es el problema que estamos tratando de resolver?, ¿qué beneficios ofrecemos a nuestros clientes?, ¿qué resultados esperamos lograr a largo plazo?

Programar, diseñar o todo tipo de actividad relacionada con una especialización técnica es como construir un edificio: tienes que tener un plano detallado y una lista de materiales y herramientas necesarias para llevar a cabo el plan. De la misma manera, definir la visión y propósito de un producto es como tener un plano a largo plazo y una lista de objetivos y requisitos para realizar el proyecto.

Al programar o diseñar un producto, debes tener en cuenta aspectos como la usabilidad, la escalabilidad y la seguridad de lo que estás construyendo. De la misma manera, al definir la visión y el propósito de un producto, hay que considerar aspectos como la relevancia para el público objetivo, la viabilidad técnica y financiera y la sostenibilidad a largo plazo.

Como especialista, has de tener habilidades técnicas para poder ejecutar el proyecto de construcción de manera eficiente y de acuerdo a los estándares de calidad del mercado. Como PM, debes tener habilidades técnicas para comprender las necesidades y desafíos de un producto y tomar decisiones informadas.

Ser especialista, ya sea programador u otra actividad dentro de la cadena de valor de un proyecto tecnológico, y definir la visión y propósito de un producto tienen muchos puntos en común: ambos requieren una planificación cuidadosa, una comprensión profunda de las necesidades y desafíos del proyecto y habilidades técnicas para llevar a cabo el trabajo de manera eficiente. Como especialista, tienes una base sólida de conocimientos y habilidades que te ayudarán a convertirte en *product manager*.

EJERCICIO 1: « EL PRIMER MINI JEFE »

Comencemos con el primer desafío de este nivel, que es intentar crear la visión y el propósito de una empresa. Si tuviéramos que definir los de productos como Netflix, Amazon, IBM o Microsoft, ¿cuáles crees que podrían ser? ¿Y si tuvieras que crear los de tu propio producto?

Te invito a que abras un documento de texto o, si prefieres, tomes lápiz y papel, y que intentes definir la visión y el propósito del producto que elijas; puede ser alguno de los ejemplos que he dado antes y compararlos con los míos, o puedes intentarlo con tu propio producto. El objetivo de este ejercicio es que comprendas al detalle la diferencia entre visión y propósito y entiendas por qué es tan importante definirlos.

En la siguiente página encontrarás algunos ejemplos, que te servirán como guía.

Netflix:

- **Visión:** ser la principal plataforma de entretenimiento a nivel mundial.

- **Propósito:** ofrecer a los usuarios la mejor experiencia de visualización de contenido, con una amplia variedad de opciones y la posibilidad de ver lo que quieran, cuando quieran y en cualquier dispositivo.

Amazon:

- **Visión:** ser la tienda más grande y conveniente del mundo.

- **Propósito:** ofrecer a los usuarios una experiencia de compra rápida y sencilla, con una amplia variedad de productos a precios competitivos y la opción de recibir sus compras de manera rápida y adecuada.

IBM:

- **Visión:** ser la compañía líder en soluciones de tecnología y consultoría a nivel mundial.

- **Propósito:** ayudar a empresas y organizaciones a resolver sus problemas y desafíos más complejos a través del uso de la tecnología y la consultoría especializada.

Microsoft:

- **Visión**: ser la compañía líder en tecnología y soluciones empresariales a nivel mundial.

- **Propósito**: ayudar a las empresas y organizaciones a alcanzar sus objetivos y aumentar su productividad a través de soluciones tecnológicas innovadoras y de alta calidad.

Este ejercicio te ayuda a vincular lo que construyes como PM con lo que finalmente quiere lograr tu empresa. En más de una ocasión he tenido que revisitar la visión y propósito de mi compañía con el objetivo de comprobar si mis decisiones apuntaban en la dirección correcta.

Ejercicio 1

Ahora que ya entendemos para qué nos sirven la visión y el propósito de nuestro producto, tenemos que centrarnos en el problema y los beneficios. **¿Cuál es el problema que estamos tratando de resolver? ¿Qué beneficios ofrecemos a nuestros clientes? ¿Qué resultados esperamos lograr a largo plazo?**

Antes de construir un producto o servicio, es esencial entender el problema que se busca resolver. Para tener un negocio exitoso, es necesario entender los dolores de tu cliente y cómo tu solución puede ayudar a aliviarlos.

Sin entender el problema, no podemos ofrecer una solución. Una vez que lo entendemos podemos comenzar a hablar de los beneficios de nuestra solución, cómo ayudará a mejorar la vida de nuestros clientes y cómo los ayudará a alcanzar sus objetivos. Además de, por supuesto, tener en cuenta los resultados esperados para medir el éxito de nuestra solución, ya sea en aumento de ventas, mayor satisfacción del cliente o una mayor eficiencia en los procesos internos. Al entender el problema, ofrecer beneficios y tener los resultados esperados, podemos crear una solución efectiva y sostenible para nuestros clientes.

EJERCICIO 2: « EL SEGUNDO MINI JEFE »

Partiendo de la visión y el propósito que he mencionado antes, veamos al segundo ejercicio de este nivel: toma el mismo ejemplo que has utilizado para el ejercicio anterior y define el problema que resuelves, el beneficio para tus clientes y los resultados que esperas obtener. Me he tomado la libertad de escribir algunos ejemplos para que puedas compararlos con los tuyos.

Netflix:

- **Problema:** ofrecer una experiencia de visualización de contenido mejor y más conveniente que la ofrecida por los servicios de televisión tradicionales.

- **Beneficios:** amplia variedad de opciones de contenido, la posibilidad de ver lo que quieran, cuando quieran, en cualquier dispositivo y sin publicidad.

- **Resultados esperados:** convertirse en la plataforma de entretenimiento más utilizada a nivel mundial y generar ingresos a través de suscripciones y la producción de contenido propio.

Amazon:

- **Problema:** ofrecer una experiencia de compra rápida y sencilla con una amplia variedad de productos a precios competitivos.

- **Beneficios:** amplia variedad de opciones de productos, precios competitivos, opción de recibir las compras de manera rápida y conveniente y opciones de pago seguras.

- **Resultados esperados:** convertirse en la tienda más grande y conveniente del mundo y generar ingresos a través de ventas y publicidad.

IBM:

- **Problema:** ayudar a las empresas y organizaciones a resolver sus problemas y desafíos más complejos a través del uso de la tecnología y la consultoría especializada.

- **Beneficios:** soluciones tecnológicas innovadoras y de alta calidad y consultoría especializada para resolver problemas complejos.

- **Resultados esperados:** convertirse en la compañía líder en soluciones de tecnología y consultoría a nivel mundial y generar ingresos a través de ventas y servicios de asesoría.

Microsoft:

- **Problema:** ayudar a las empresas y organizaciones a alcanzar sus objetivos y aumentar su eficiencia a través del uso de tecnología y soluciones de *software*.

- **Beneficios:** amplia la variedad de opciones de *software* y soluciones tecnológicas para diferentes necesidades y sectores, aportar facilidad de uso y capacidad de integración con otras tecnologías.

- **Resultados esperados:** convertirse en la compañía líder en *software* y soluciones tecnológicas a nivel mundial y generar ingresos a través de ventas y licencias de *software*.

Ejercicio 2

Ejercicio 2

¿CÓMO ESTABLECER OBJETIVOS Y MÉTRICAS DE ÉXITO PARA TU PRODUCTO UTILIZANDO LA METODOLOGÍA OKR?

No hay nada más importante para la empresa que tener definidos los objetivos, tanto a largo como a corto plazo. Y no solo definidos, sino comunicados, actualizados y medidos constantemente. La diferencia entre gestionar los objetivos de manera eficiente y no hacerlo puede costarte tu empresa.

Hemos definido anteriormente la visión, el propósito, los problemas por resolver, los beneficios y los resultados esperados porque son el punto de partida para establecer objetivos y métricas de éxito y para medir el progreso de tu producto.

Una metodología comúnmente utilizada para establecer objetivos y métricas es la llamada OKR *(objectives and key results)*, creada por Intel y utilizada por compañías como Google, entre otras.

Esto implica establecer objetivos ambiciosos y medibles, junto con resultados clave que te permitan cuantificar el progreso hacia esos objetivos.

OKR A GRANDES RASGOS

- Los objetivos deben ser ambiciosos y sentirse un poco incómodos, es decir, que debe generarnos incertidumbre de la posibilidad de cumplirlos en su totalidad.

- Los resultados clave deben ser medibles y fáciles de calificar con un número, que por lo general es entre 0.0 y 1.0.

- Los OKR han de ser públicos para todos en la organización y cada departamento debe estar al corriente de los objetivos y resultados clave de los demás departamentos.

- Se debe considerar una calificación positiva si se cumple el OKR al 60 % o 70 %; si se logra consistentemente el 100 % de los objetivos, es porque no son lo suficientemente ambiciosos y se deben definir objetivos más grandes.

- Las puntuaciones bajas deben ser analizadas como datos para ayudar a perfeccionar los siguientes OKR del trimestre próximo y no para penalizar al equipo. No son sinónimo de evaluaciones de desempeño y no deben usarse para tal fin.

He utilizado diversas metodologías para la definición y seguimiento de objetivos, pero ninguna me ha funcionado tan bien a nivel transversal en una compañía como los OKR.

Sus **principales características** son:

Flexibilidad

Se pueden aplicar a cualquier área de la empresa, desde el equipo de ventas hasta el de *marketing*, y pueden ser adaptados a la cultura y necesidades de cada organización.

Foco

Ayuda a las empresas a mantener el enfoque en lo que es más importante y a alcanzar objetivos más ambiciosos, ya que establece metas claras y mensurables.

Alineación

Permite a las empresas establecer objetivos que estén alineados con la visión y la estrategia a largo plazo de la organización, lo que facilita la toma de decisiones y el seguimiento del progreso.

Transparencia

Fomenta la transparencia en el proceso de establecimiento de objetivos y permite a todos los miembros del equipo tener una visión clara de lo que se está tratando de lograr.

Adaptabilidad

Hace posible a las empresas adaptarse rápidamente a los cambios del mercado y ajustar sus objetivos en consecuencia, lo que les da una ventaja competitiva.

Una parte fundamental, si no principal, es que tanto la empresa como **todos sus departamentos deben tener definidos sus OKR al nivel de la responsabilidad que les corresponde**, redefinirse por trimestre y alinearlos a los objetivos de cada área; para hacerlo sencillo, el resultado de conseguir el 60 % de los objetivos de cada área debería autocompletar el objetivo general planteado por la dirección.

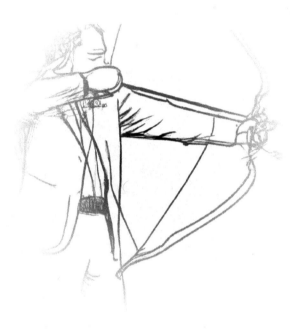

PASOS PARA DEFINIR OKR CORRECTAMENTE

Para definir correctamente un objetivo, debemos seguir una serie de pasos para garantizar que son los correctos y la viabilidad de los mismos, vamos a seguir la siguiente secuencia que luego explicare en detalle:

Se solicita al líder de cada equipo de cada área de la compañía que redacte un borrador de unos diez posibles objetivos para que el equipo directivo pueda evaluar, luego de un primer filtro y de analizar las estrategias a corto y largo plazo, el equipo directivo propondrá una lista de cinco objetivos, dos de ellos tendremos que asumir el compromiso de cumplirlos y los otros tres serán opcionales o menos importantes.

Una vez definido y acordado los objetivos globales del trimestre, se deben definir los de cada departamento, y los *key results* para cada objetivo, para ello cada líder de equipo realiza exactamente la misma acción, pero con un escalón más bajo, hasta llegar a todos los equipos operativos.

Esta metodología de definición de objetivos permite darle la oportunidad a toda la compañía de participar en la definición de los objetivos, por supuesto todas las sugerencias de los equipos pueden no ser escuchadas y definir y consolidar los objetivos sin el *feedback* de los equipos, aunque por obvias razones, no lo recomiendo.

Definidos los objetivos, debemos definir los *key results* de cada uno, y acordar cuáles son las métricas de seguimiento.

Finalizado todo este proceso, se comunican los objetivos a todos los departamentos, se revisan semanalmente y se comparten los resultados al final del trimestre para comenzar nuevamente con el mismo proceso de definición de los nuevos OKR.

ERRORES COMUNES A LA HORA DE ESCRIBIR NUESTROS OKR

Comunicar mal los OKR

Establecer objetivos ambiciosos requiere una comunicación cuidadosa dentro de los equipos. Si tu producto depende de los objetivos de otro equipo, asegúrate de entender su filosofía de establecimiento de metas.

BaU *(business as usual)*

Los OKR a menudo se escriben basándose en lo que el equipo cree que puede lograr sin cambiar nada de lo que actualmente está haciendo, en lugar de lo que el equipo o sus clientes realmente quieren. Deja de lado los esfuerzos de baja prioridad y asigna recursos a los OKR más importantes. Hay algunos objetivos que se mantendrán del mismo trimestre a otro, y esto está bien si ese objetivo siempre es de alta prioridad, pero los resultados clave deben evolucionar para impulsar al equipo a seguir innovando y a ser más eficiente.

Objetivos de bajo valor

Los OKR deben prometer un valor comercial claro, de lo contrario, no hay razón para gastar recursos haciéndolos. Los «objetivos de bajo valor», incluso si se logran plenamente, no tendrán mucha importancia para la organización. Pregúntate, ¿podría el OKR obtener un 1,0 en circunstancias razonables sin proporcionar un beneficio organizacional directo? Si es así, vuelve a redactar el OKR para enfocarse en el beneficio tangible.

Resultados clave insuficientes para cada objetivo

Si los resultados clave para un determinado objetivo no representan todo lo necesario para lograrlo plenamente, es posible que ocurra un fallo inesperado, pueden generar demoras o que haya bloques que no se tuvieron en cuenta en su definición.

Para darte la confianza que necesitas para que utilices OKR como una metodología de gestión de objetivos en comparación con otras existentes, estas son todas las metodologías que he utilizado a lo largo de mi carrera, ya sea por obligación en alguna empresa o por simple curiosidad de ver si resultaba productiva:

Una aclaración muy importante para los puristas de este tema, en muchas ocasiones utilizo la palabra metodología en vez de marco de trabajo y aunque las diferencias son claras, la razón es que me interesa fomentar técnicas de planificación detalladas y específicas, sobre todo si estas comenzando en este rol, ya que un marco de trabajo te da mucha mas flexibilidad pero trae el riesgo de desviarse de lo importante fácilmente.

SMART

Se basa en establecer objetivos que sean específicos, *mensurables, alcanzables, relevantes y temporalmente definidos,* SMART en sus siglas en ingles es un acrónimo que representa las cinco características clave de un objetivo bien definido: Specific, Measurable, Achievable, Relevant y Time-Bound.. Los objetivos SMART ayudan a enfocar la atención en lo que es importante y aumentan la probabilidad de lograr resultados positivos.

Hoshin Kanri

Esta metodología japonesa se utiliza para marcar objetivos a largo plazo y establecer planes de acción para alcanzarlos. Los objetivos se dividen en estratégicos, tácticos y operativos, y se utilizan métricas para medir el progreso.

Se divide en tres etapas principales: planificación, implementación y monitoreo. Durante la etapa de planificación, se definen los objetivos estratégicos de la empresa y se establecen los objetivos a nivel de equipo e individual. Durante la etapa de implementación, se implementan las acciones necesarias para alcanzar los objetivos establecidos. Por último, durante la etapa de monitoreo, se realiza un seguimiento periódico de los objetivos para asegurar su cumplimiento.

Métricas de Balanced Scorecard

Consiste en establecer un conjunto de métricas clave que midan el rendimiento de una organización desde cuatro perspectivas:

financiera, cliente, procesos internos y aprendizaje y crecimiento. Estas métricas se utilizan para medir el progreso hacia los objetivos a largo plazo de la organización.

La metodología se basa en la idea de que una empresa no puede ser evaluada adecuadamente solo por sus resultados financieros y que es necesario considerar una amplia gama de factores que contribuyen al éxito a largo plazo de la organización.

Métricas de North Star

Se basa en establecer una métrica clave, también conocida como «North Star», que represente el objetivo a largo plazo de un producto o servicio. Esta métrica se utiliza para calcular el progreso hacia el objetivo final y puede ser desglosada en métricas más específicas para obtener una visión más detallada, encuentro que es particularmente útil debido a su enfoque en identificar una sola métrica clave que represente el valor central del producto para el usuario.

Tiene un enfoque centrado en el usuario, busca entender lo que motiva a los usuarios a interactuar con el producto y cómo puede mejorarse para satisfacer sus necesidades y deseos. Aunque encuentro muy complicado elegir correctamente esta métrica, sobre todo si no tienes experiencia aún como PM, se selecciona con mucho cuidado para reflejar el valor central que tu producto ofrece, y se mide y optimiza en todo momento.

Permite a los equipos de producto mantener el enfoque en la experiencia del usuario, en lugar de centrarse en métricas secundarias o de rendimiento, ayuda a los equipos a priorizar la asignación de recursos y decisiones de producto de manera más efectiva, ya que se enfocan en una sola métrica que realmente importa.

Método de las 5W

Este enfoque se basa en contestar las preguntas «¿qué?», «¿quién?», «¿cuándo?», «¿dónde?» y «¿por qué?» para definir un objetivo de manera clara y concisa. Es una herramienta utilizada en investigación, planificación y resolución de problemas que permite a los equipos obtener una comprensión completa y detallada de una situación o problema.

Método de la cadena de valor

Este enfoque se basa en identificar las actividades clave que agregar valor a un producto o servicio y establecer objetivos en función de esas actividades. Cada actividad que realiza una empresa aporta valor a sus productos o servicios, busca entender que actividades son más valiosas que otras.

Se divide en seis categorías principales:

- **Actividades Primarias:** producción, entrega y soporte al cliente.

- **Actividades de Apoyo:** gestión de recursos humanos, investigación y desarrollo, gestión de la tecnología e infraestructura.

- **Procesos de Entrada:** gestión de compras, gestión de la información y gestión de los recursos.

- **Procesos de Salida:** gestión de la venta, gestión de marketing y gestión de las relaciones con los clientes.

- **Actividades de Desarrollo:** incluyen la investigación y el desarrollo de nuevos productos y servicios.

- **Infraestructura:** gestión de la tecnología, gestión de la información y la gestión de los recursos.

Six Sigma

Se fundamenta en la mejora continua de procesos y en la eliminación de errores mediante la definición de objetivos cuantitativos y la utilización de métricas y herramientas estadísticas para medir el progreso, se ha utilizado con éxito en una amplia gama de industrias para mejorar la eficiencia, reducir los costos y aumentar la satisfacción del cliente.

Se compone de cinco fases o etapas: *Define, Measure, Analyze, Improve y Control* «*DMAIC*». En la primera fase, **Define**, se identifica el problema o la oportunidad de mejora y se establecen los objetivos y metas para resolverlo. En la segunda fase, **Measure**, se recopila y analiza la información relevante para entender el problema y sus causas subyacentes. En la tercera fase, **Analyze**, se utiliza la información recopilada para determinar las causas raíz del problema. En la cuarta fase, **Improve**, se desarrollan e implementan soluciones para resolver el problema y mejorar el proceso. Finalmente, en la quinta fase, **Control**, se monitorea el proceso para asegurarse de que las mejoras se mantengan a largo plazo.

TABLA COMPARATIVA DE COMPLEJIDAD

Metodología	Complejidad	Autor	Años
OKR	Media	John Doerr	1994
SMART	Baja	Peter Drucker	1954
Hoshin Kanri	Media	Yoichi Ueno	1960
Balanced Scorecard	Media	Robert Kaplan y David Norton	1990
North Star	Baja	Aaron Ross y Jason Lemkin	2011
Six Sigma	Alta	Bill Smith	1986
Scrum	Baja	Ken Schwaber y Jeff Sutherland	1993
Método de las 5W	Baja	Desconocido	Desconocido
Método de la cadena de valor	Media	Michael Porter	1980
Método de las 4P	Baja	Jerome McCarthy	1960

EJERCICIO 3: «TERCER MINI JEFE»

Como tercer ejercicio de este nivel, tomemos el trabajo realizado hasta ahora y, basándonos en la visión, el propósito, el problema, los beneficios y los resultados esperados, podemos crear nuestros OKR. En la siguiente página encontrarás ejemplos que pueden ayudarte como guía.

Por razones de espacio, solo he detallado los OKR de cada departamento en el primer ejemplo, y he dejado solo los OKR globales en el resto.

- **Objetivo global:**

  - **Objetivo:** convertirse en el servicio de transmisión líder a nivel global.

  - **Indicador clave de resultado (IKR):** aumentar en un 10 % el número de suscriptores anuales durante los próximos tres meses.

  - **Resultado (R):** lanzar una campaña de *marketing* en todos los países de América Latina durante los próximos tres meses.

- **OKR por departamento:**

  - **Departamento de *Marketing*:**

    Objetivo: aumentar el conocimiento de la marca y el alcance de la campaña en América Latina.

    Indicador clave de resultado (IKR): aumentar el alcance orgánico de las redes sociales en América Latina en un 20 % durante los próximos tres meses.
    Resultado (R): desarrollar una estrategia de contenido y lanzar una campaña de publicidad en redes sociales en América Latina durante los próximos tres meses.

  - **Departamento de Producto:**

    Objetivo: mejorar la experiencia del usuario en la plataforma.

Indicador clave de resultado (IKR): aumentar el tiempo de uso en la plataforma en un 15 % durante los próximos tres meses.

Resultado (R): lanzar una nueva versión de la aplicación móvil con características mejoradas y un diseño actualizado durante los próximos 3 meses.

- **Departamento de Finanzas:**

Objetivo: aumentar la rentabilidad.

Indicador clave de resultado (IKR): aumentar el margen neto en un 10 % durante los próximos tres meses.
Resultado (R): evaluar y negociar los acuerdos de licencias y distribución durante los próximos tres meses.

- **Departamento de Operaciones:**

Objetivo: aumentar la capacidad de procesamiento de contenidos.

Indicador clave de resultado (IKR): incrementar la velocidad de transmisión de contenidos en un 20 % durante los próximos tres meses

Resultado (R): modernizar la infraestructura de almacenamiento y transmisión de contenidos durante los próximos tres meses.

IBM

- **Objetivo**: transformar la industria de la tecnología de la información a través de la innovación.

- **Indicador clave de resultado (IKR)**: incrementar en un 15 % el número de patentes aprobadas anualmente durante los próximos tres meses.

- **Resultado (R)**: invertir en el desarrollo de nuevas tecnologías de inteligencia artificial y *machine learning* durante los próximos tres meses.

Amazon

- **Objetivo:** convertirse en la empresa de comercio electrónico más grande y exitosa del mundo.

- **Indicador clave de resultado (IKR):** aumentar en un 20 % el número de pedidos en línea entregados en 24 horas durante los próximos tres meses.

- **Resultado (R):** ampliar la red de centros de distribución y mejorar la eficiencia de los procesos de envío durante los próximos tres meses.

Microsoft

- **Objetivo**: ser el líder en el mercado de tecnología empresarial.

- **Indicador clave de resultado (IKR)**: incrementar en un 10 % la participación de mercado en el segmento de *software* empresarial durante los próximos tres meses.

- **Resultado (R)**: lanzar una nueva línea de productos de gestión de proyectos y colaboración durante los próximos tres meses.

Espero que con estos ejemplos puedas hacerte una idea concreta de lo que busca resolver un OKR. Si se plantea un objetivo, es fundamental saber cómo vamos a lograrlo y cómo vamos a medirlo, y que todos los equipos estén informados.

Ejercicio 3

Ejercicio 3

¿CÓMO DEFINIR TU PÚBLICO OBJETIVO Y ENTENDER SUS NECESIDADES Y PROBLEMAS?

Como cualquier empresa exitosa, es esencial entender quién es tu público objetivo y qué necesidades y problemas tienen. La forma en que defines tu público y entiendes sus necesidades y problemas es la clave para dirigir tu producto o servicio de manera efectiva a las personas que están dispuestas a comprarlo.

En primer lugar, debes definir quién es tu público objetivo. Esto puede parecer una tarea sencilla, pero a menudo es más difícil de lo que parece. Debes tener en cuenta factores como la edad, el género, la educación, el nivel de ingresos y la geografía, entre otros. Una vez que lo hayas definido, debes investigar para entender sus necesidades y problemas.

Para entender las necesidades y problemas de tu público objetivo, debes llevar a cabo una investigación de mercado. Esto puede incluir encuestas, entrevistas y grupos de discusión. A través de estas herramientas, puedes obtener información valiosa sobre lo que tu público objetivo está buscando en un producto o servicio y cuáles son sus mayores desafíos y preocupaciones.

Cuando hayas recolectado y analizado la información, debes utilizarla para desarrollar un perfil detallado de tu público y sus necesidades. Este perfil te ayudará a comprender mejor a tus compradores potenciales y a adaptar tu producto o servicio.

En resumen, a través de investigaciones de mercado y análisis de datos, puedes desarrollar un perfil detallado de tu público objetivo y utilizar esta información para adaptar tu producto o servicio para satisfacer sus necesidades.

Aunque parezca tarea de una sola vez, cuando se crea tu producto, lo ideal es actualizar permanentemente la definición que tenemos de nuestro público, ya que cada parte de nuestro producto o servicio satisface diferentes matices de los compradores y, por lo general, tenemos muchos públicos diferentes por producto.

Hay un debate muy interesante sobre este tema, de hecho, cuando he solicitado *feedback* a mis colegas sobre este asunto y les he comentado mi punto de vista, ha habido una división de casi el 50 % sobre quien debía definir esto.

Por un lado, una gran variedad de *product managers* delegan esta tarea en el equipo de *marketing* prácticamente en su totalidad, en especialistas de UX que crean el *user persona* y hacen la investigación correspondiente, brindándole al PM el resultado de esta.

Y, por otro lado, aquellos que, como yo, prefieren involucrarse en el proceso y participar de la investigación y definición de cada *user persona*, y cada público objetivo.

El contexto y el entendimiento que te brinda tener un extremo conocimiento de tus usuarios/clientes es crítico para la toma de decisiones.

¿QUÉ ES EL *USER PERSONA?*

Un *user persona* es un perfil ficticio de tu cliente ideal, que representa a un segmento específico de tu público objetivo. Se utiliza para ayudar a las empresas a comprender mejor a sus clientes y a desarrollar productos y servicios que mejor se adapten a sus necesidades. Una *user persona* se basa en investigaciones de mercado y datos reales, y se utiliza para guiar decisiones estratégicas en áreas como el diseño de la interfaz de usuario, la publicidad y el *marketing*; la mayoría de las funcionalidades o servicios de tu producto estarán dirigidas a un *user persona* específico.

Para crear una *user persona*, debes recopilar información sobre tus clientes actuales y potenciales. Esto puede incluir datos demográficos, como la edad, el género, la educación y el nivel de ingresos, así como información sobre sus intereses, necesidades y desafíos.

Este es un ejemplo de perfil detallado de tu *user persona*:

> Nombre: Juan Pérez
> Edad: 35 años
> Género: masculino
> Educación: licenciado en Administración de Empresas
> Ocupación: gerente de *marketing*
> Nivel de ingresos: € 70,000 - € 100,000
> Familia: casado con 2 hijos
> Intereses: deportes, viajes y tecnología
> Necesidades: necesidad de una solución de *marketing* efectiva para aumentar las ventas
> Desafíos: cómo llegar a un público más amplio y diversificado

Una vez que hayas desarrollado tu *user persona*, debes utilizarla para guiar tus decisiones estratégicas. Por ejemplo, al diseñar una interfaz de usuario, debes tener en cuenta las necesidades y desafíos de tu *user persona* para asegurarte de que tu producto o servicio sea fácil de usar y ofrezca una experiencia de usuario excelente.

También puedes utilizar tu *user persona* para guiar tus esfuerzos de *marketing* y publicidad, para asegurarte de que estás llegando a las personas adecuadas con el mensaje oportuno.

Como mencioné antes, existen infinidad de técnicas para hacer análisis de mercado, algunas más sencillas y otras más complejas o costosas.

Algunas de las más comunes son:

Encuestas:

Consiste en enviar preguntas estructuradas a un grupo representativo de personas para obtener información sobre sus opiniones, comportamientos y preferencias. Las encuestas pueden realizarse en persona, por teléfono o en línea.

El proceso de realización de encuestas es una parte fundamental en la definición del público objetivo de un producto, son una herramienta efectiva para recopilar información valiosa sobre los deseos y necesidades de los consumidores.

La primera etapa en el proceso de encuestas es definir las preguntas que se deben hacer, estas preguntas deben ser claras, precisas y estar enfocadas en la investigación del público objetivo. Por ejemplo, si se está desarrollando un producto para personas mayores, es importante preguntar sobre sus hábitos de compra, preferencias de marca y necesidades específicas.

Una vez definidas las preguntas, es debemos seleccionar el método de encuesta adecuado, las encuestas en línea son una opción popular por su accesibilidad y rapidez, mientras que las encuestas en persona permiten una interacción más personal y una mayor tasa de respuesta. Elegir el método que brinde la información más precisa y fiable para el tipo de usuario que necesitas encuestar resulta fundamental.

Ya definidas las preguntas, debes pensar en como harás la recopilación de datos, la muestra debe ser representativa del público objetivo y la tasa de respuesta debe ser lo suficientemente alta como para obtener una imagen precisa del mercado.

Grupos focales:

Se fundamenta en reunir a un grupo pequeño de personas para discutir un tema o producto en particular. Los grupos focales son moderados por un experto y pueden ser grabados para su posterior análisis.

La primera etapa en el proceso de los grupos focales es seleccionar a los participantes adecuados. Esto incluye asegurarse de que los participantes representen el público objetivo del producto y tengan un interés en el tema que se está discutiendo. Por ejemplo, si se está desarrollando un producto para niños, es importante incluir a padres y niños en el grupo focal.

Una vez seleccionados los participantes, es importante definir un guion para la discusión que incluya preguntas guía y una estructura clara para mantener el enfoque en los objetivos de la investigación. Durante la discusión, es importante que el facilitador mantenga un ambiente abierto y neutral para que los participantes se sientan cómodos compartiendo sus opiniones y percepciones.

Después de la discusión, es importante analizar los datos recopilados y utilizarlos para mejorar el producto. Esto puede incluir identificar fortalezas y debilidades del producto, identificar áreas para mejorar y ajustar la estrategia de marketing.

Entrevistas individuales:

Se trata de conversar con una persona en profundidad sobre un tema o producto en particular. Las entrevistas individuales pueden ser estructuradas, semiestructuradas o abiertas.

Es la preferida por mas del **80%** de los *«product managers»* que han sido entrevistados para este libro, tener una conversación de 15 minutos donde la confianza es el epicentro fundamental les permite, no solo conocer en profundidad las problemáticas que el producto busca resolver a este segmento en particular, sino que también es un formato de ventas consultivas muy habitual. *Los negocios avanzan a la velocidad de la confianza.*

Observación:

Consiste en observar el comportamiento de las personas en su entorno natural para entender cómo interactúan con un producto o servicio. La observación puede ser natural o controlada.

Hay diferentes formas de realizar una observación, como la observación participante, donde el observador forma parte activa del grupo que está siendo observado, o la observación no participante, donde el observador es un espectador pasivo. La elección de la metodología dependerá de los objetivos de la investigación y del contexto.

Es importante tener en cuenta que la observación no es invasiva y se realiza de manera discreta para no influir en el comportamiento de los consumidores. Además, es importante tener una guía de observación clara que incluya los objetivos de la investigación, las preguntas a responder y una lista de comportamientos y acciones a observar.

Si tienes dudas de cuándo usar una u otra técnica, te presento una tabla comparativa de las técnicas de investigación de mercado mencionadas:

Técnica	Ventajas	Desventajas
Encuesta	Permite obtener información directa y específica de una población determinada. Es rápida y relativamente económica.	Depende de la calidad y fiabilidad de la muestra seleccionada. Puede haber sesgos o falta de honestidad en las respuestas.
Entrevista	Permite obtener información detallada y profunda sobre un tema específico. Ayuda a establecer relaciones y a comprender el contexto de las respuestas.	Requiere de tiempo y esfuerzo para preparar y realizar las entrevistas. Puede haber sesgos o falta de honestidad en las respuestas.
Grupo focal	Permite obtener una perspectiva más compleja y diversa de un tema. Ayuda a generar ideas y soluciones innovadoras.	Requiere de tiempo y esfuerzo para preparar y realizar el grupo focal. Puede haber sesgos o falta de objetividad en las discusiones.
Observación	Permite obtener información cercana y real sobre el comportamiento de los consumidores. No requiere la intervención del investigador, lo que puede dar lugar a observaciones más auténticas.	Puede ser costosa y requerir una gran cantidad de tiempo. No permite controlar variables. Puede ser difícil analizar la información obtenida.

Siguiendo con los ejercicios anteriores, nuestro cuarto y último ejercicio de este nivel es describir el público objetivo y al menos dos *user persona*, teniendo en cuenta todo lo que sabemos hasta el momento; en la siguiente página dejo unos ejemplos como guía.

Netflix

Nuestro público objetivo son consumidores de entretenimiento en línea en todo el mundo que buscan una amplia selección de series, películas y documentales, a través de una plataforma fácil de usar y accesible.

User persona:

- María, una estudiante universitaria de 22 años que busca una variedad de series y películas para ver mientras estudia o se relaja en su tiempo libre.

- José, un padre de familia de 35 años que busca programas y películas familiares para ver con su esposa e hijos en las noches del fin de semana.

- Álex, un jubilado de 60 años que busca documentales educativos y programas de viajes para ver en su tiempo libre.

IBM

Nuestro público objetivo son empresas de todos los tamaños y sectores que buscan soluciones tecnológicas avanzadas para mejorar su eficiencia y productividad.

User persona:

- Carmen, directora de TI de una empresa de comercio electrónico de mediana envergadura, busca soluciones tecnológicas para mejorar la eficiencia en el proceso de pedidos y el análisis de datos del negocio.

- Pedro, gerente de Recursos Humanos en una gran empresa constructora, busca una plataforma tecnológica para mejorar la gestión de los empleados y la productividad.

Amazon

Nuestro público objetivo son consumidores en línea en todo el mundo que buscan una amplia selección de productos a precios asequibles y con entrega rápida.

User persona:

- Marta, una ama de casa de 30 años, busca una amplia variedad de productos para su hogar a precios asequibles y con entrega rápida.

- Luis, un viajero frecuente de negocios de 45 años, busca una amplia variedad de productos de viaje y electrónicos a precios asequibles y con entrega rápida.

Microsoft

Nuestro público objetivo son empresas y consumidores en todo el mundo que buscan soluciones tecnológicas avanzadas y de calidad para sus necesidades informáticas y de negocios.

User persona:

- Ana, la CEO de una pequeña empresa de desarrollo de *software* que busca soluciones de alta calidad para sus necesidades de desarrollo de *software* y de negocios.

- Carlos, un estudiante de informática de 25 años que busca soluciones informáticas avanzadas para sus proyectos y tareas escolares.

Ejercicio 4

Ruby

`puts "Hello World"`

NIVEL 2
CONSTRUIR RÁPIDO Y BARATO EL PRODUCTO ADECUADO

RETROALIMENTACIÓN: INVOLUCRAR A LOS CLIENTES

P ara ilustrar cómo el proceso de involucrar a los clientes y obtener su retroalimentación, se puede comparar con el proceso de programación. Podemos imaginar que, al igual que un programador escribe código y luego prueba y depura su aplicación para asegurarse de que funcione correctamente, el *product manager* debe involucrar a los clientes y recopilar su retroalimentación para mejorar el producto.

De la misma manera que un programador utiliza herramientas como depuradores y pruebas unitarias para detectar y corregir errores en su código, el *product manager* puede utilizar técnicas de investigación de mercado y métricas para entender a sus clientes y ajustar el producto en consecuencia.

Por ejemplo, un programador puede escribir una función que calcule el promedio de un conjunto de números, pero si durante la prueba se da cuenta de que la función no maneja correctamente los números negativos, puede modificar su código para corregir el error. De manera similar, un *product manager* puede lanzar una versión inicial de un producto y luego utilizar técnicas como encuestas y entrevistas con clientes para recopilar retroalimentación y determinar cómo mejorar el producto en futuras versiones.

LA RETROALIMENTACIÓN EN LAS DIFERENTES ETAPAS DE UN NEGOCIO

La retroalimentación —o *feedback,* en inglés— es un proceso clave en el desarrollo de productos y en el crecimiento de un negocio. En cada etapa del ciclo de vida del producto, la retroalimentación es esencial para tomar decisiones informadas y garantizar que el producto se ajusta a las necesidades del mercado.

Podemos definir tres etapas clave en la vida de un negocio: etapa temprana, donde el negocio nace y es definido; etapa de iteración continua, que puede incluir grandes cambios de segmentos, funcionalidades y servicios, y es generalmente la fase donde un producto muere o se reafirma completamente, y, por último, la etapa de escalado o globalización, donde llevamos el producto o servicio hacia un estado más estable o corporativo.

En la etapa de creación y definición del producto

La retroalimentación se obtiene a través de la investigación de mercado y la validación de las ideas de productos con los potenciales clientes. Resulta indispensable obtenerla de forma temprana y frecuente para asegurarse de que se está creando un producto que resuelve un problema real y deseado por el mercado.

En la etapa de mejora continua

Se obtiene a través de la monitorización y análisis de las métricas de rendimiento del producto, así como de los clientes existentes. Implementar un sistema sólido para recopilar y analizar esta retroalimentación resulta clave para el negocio, ya que esto permitirá al equipo de desarrollo de productos entender qué mejoras hacer y priorizar las características.

En la etapa de escalado a nuevos mercados

Es esencial entender las diferencias entre los mercados y adaptar el producto y la estrategia de *marketing* en consecuencia. Recopilar información tanto de los clientes existentes como potenciales en estos nuevos mercados, y utilizar esta retroalimentación para ajustar la propuesta de valor, el precio y el *marketing* es fundamental para asegurar el éxito en estos nuevos mercados.

La retroalimentación es un elemento crítico en cada etapa del ciclo de vida del producto y del negocio. Sin ella, el equipo de desarrollo de productos puede tomar decisiones basadas en suposiciones equivocadas sobre el mercado y los clientes. Por el contrario, con una fuerte cultura de retroalimentación, una empresa puede desarrollar productos altamente relevantes y escalar con éxito en mercados emergentes.

Hace unos años tuve el desafío de participar en el proceso de escalado de una *start-up* en Latinoamérica, llevando una SaaS líder en Argentina, Chile y México al mercado brasileño. El primer error cometido fue pensar que ese mercado se comportaría igual que sus vecinos de América del Sur, por lo que no realizamos ningún tipo de encuesta, *user persona*, ni escuchamos *feedback* de potenciales clientes, y pasamos por alto todas las opiniones del equipo comercial interno que se ocuparía de ese mercado. Una vez lanzado el producto, el 90 % de los *leads* se caían al momento del pago, estábamos perdiendo toda la inversión en este nuevo mercado y no sabíamos por qué.

Tan solo tuvimos que hablar con dos empresas para darnos cuenta de que la razón principal eran las opciones de pago que ofrecíamos: no reparamos en regionalizar el proceso de pago, no estábamos ofreciendo la modalidad de pago más utilizada de la región y esto llevaba al consumidor a abandonar el proceso, perdiendo todo lo invertido en *marketing* y ventas para capturarlo.

Nos llevó no más de dos semanas regionalizar todo el proceso de pagos y, un año más tarde, la empresa fue adquirida por una compañía brasileña.

El valor de hablar con tus clientes de forma periódica, sistemática y sostenida es inmensurable, tanto así que debería estar arraigado en la cultura de toda empresa.

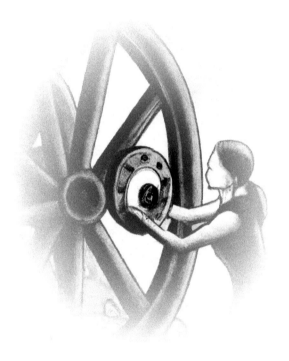

¿CÓMO INVOLUCRAR A LOS CLIENTES EN EL PROCESO DE DISEÑO Y DESARROLLO DE PRODUCTO?

Los clientes son la fuente principal de retroalimentación para comprender sus necesidades y problemas, y su participación en el proceso de toma de decisiones puede ser clave para el éxito de un producto, como ya mencioné anteriormente. Además, involucrar a los clientes en el proceso de diseño y desarrollo de producto ayuda a fomentar la lealtad y la satisfacción del cliente, lo que puede tener un impacto positivo en el éxito a largo plazo del producto.

Puedes simplemente tomar el teléfono y llamar a tus clientes o potenciales clientes y tener conversaciones abiertas, pero luego será muy complejo saber lo bueno y lo malo que te ha dejado esa conversación, por lo que debemos utilizar técnicas que nos ayuden a sistematizar este proceso:

Establecer canales de comunicación efectivos con los clientes

Definir el canal efectivo para obtener retroalimentación de los clientes depende de varios factores, incluyendo el objetivo de la retroalimentación, el tamaño y la composición del público objetivo, el presupuesto y los recursos disponibles, y el tiempo disponible para la retroalimentación.

Es importante ser proactivo al buscar la retroalimentación del cliente y estar dispuesto a escuchar y considerar sus opiniones y sugerencias.

Ofrecer incentivos a los clientes para que participen en el proceso de diseño y desarrollo de producto

Esto comprende ofrecer recompensas, descuentos o la oportunidad de ser un *beta tester* o un miembro del equipo de diseño, entre miles de otras opciones.

Sin embargo, es importante tener en cuenta que los incentivos deben ser justos y equitativos para los clientes, y que no deben ser percibidos como manipulativos. Debes garantizar que los incentivos no afecten negativamente la retroalimentación, como haciendo que los clientes proporcionen retroalimentación falsa o no veraz con el fin de obtener un incentivo.

Los *product managers* deben considerar cuidadosamente los incentivos al elegir un canal para obtener retroalimentación de los clientes y asegurarse de que su uso mejore la calidad y la experiencia del producto.

Utilizar técnicas de investigación de mercado y métricas para entender mejor a los clientes

La combinación de la investigación de mercado en conjunto con el análisis de métricas, pueden proporcionar una imagen completa de los clientes y sus necesidades, lo que permite a los *product managers* tomar decisiones informadas sobre cómo mejorar y desarrollar sus productos. Además, estas técnicas y métricas pueden ser monitoreadas continuamente para adaptarse a los cambios en las necesidades y preferencias de los clientes a medida que evolucionan.

Considerar el uso de grupos focales o entrevistas individuales para recopilar retroalimentación cualitativa

Ya he mencionado anteriormente los *grupos focales*, y *entrevistas individuales* como una herramienta fundamental para definir el público objetivo, pero son extremadamente útiles para obtener retroalimentación permanente sobre tu producto.

Estos métodos permiten profundizar en los pensamientos y opiniones de los clientes y pueden proporcionar información valiosa que no se puede obtener a través de encuestas o métricas cuantitativas.

Crear un sistema fácil y conveniente para que los clientes proporcionen retroalimentación

Formularios en línea, una línea telefónica de atención al cliente, chat *on-line*, etc.

Una práctica que me ha ayudado mucho es que todo el equipo de producto tenga acceso a las opiniones de los clientes y sepan cómo aplicarlas para mejorar el producto. A cada propuesta que realizo, siempre agrego no menos de tres opiniones de clientes que validen la funcionalidad, producto o servicio para reforzar las razones de implementarla. Lo mismo hago con mis equipos, cada vez que alguien propone una nueva funcionalidad, les pido que me traigan *feedback* de usuarios donde hayan, de algún modo u otro, solicitado lo que proponen.

DIFERENCIAS ENTRE HACER PRODUCTO B2B Y B2C

Es importante tener en cuenta estas diferencias al abordar el proceso de *product management* y adaptar el enfoque a las características específicas de cada tipo de negocio.

En el caso de los negocios B2C *(business-to-consumer)*, es común utilizar encuestas y comentarios en línea para recopilar retroalimentación de los clientes. Estas técnicas son accesibles y permiten obtener una gran cantidad de datos en un corto periodo de tiempo. Además, al ser en línea, permiten obtener retroalimentación de una audiencia amplia y diversa. Sin embargo, es importante tener en cuenta que la retroalimentación en línea puede ser menos precisa y sesgada, ya que solo incluye a aquellos clientes que deciden participar.

Por otro lado, en el caso de los negocios B2B *(business-to-business)*, es común utilizar entrevistas en profundidad y grupos focales para recopilar retroalimentación de los clientes. Estas técnicas hacen posible la obtención de una retroalimentación más precisa y detallada, ya que permiten profundizar en las necesidades y preferencias de los clientes. Además, al ser entrevistas y grupos focales en persona, posibilitan establecer una relación más cercana con los clientes y obtener retroalimentación más confiable. Sin embargo, estas técnicas pueden ser más costosas y requieren más tiempo para ser implementadas.

Las **principales diferencias entre hacer producto B2B y B2C** son:

Mercado objetivo

En el enfoque B2B, el producto se vende a otras empresas; mientras que en el enfoque B2C, el producto se vende a los consumidores finales. Esto significa que el mercado objetivo es diferente en cada tipo y requiere técnicas de *marketing* y comunicación diferentes.

Proceso de decisión de compra

En el enfoque B2B, el proceso de decisión de compra suele ser más complejo y requerir la participación de varias personas en la empresa compradora. En B2C, el proceso de decisión de compra suele ser más sencillo, se involucran menos personas y toma menos tiempo.

Tipo de producto

En B2B, suele haber productos más técnicos y especializados que en B2C. Esto significa que el equipo de producto debe tener un conocimiento más profundo del producto y de su aplicación en el mercado.

Ciclo de vida del producto

En el enfoque B2B, el ciclo de vida del producto suele ser más largo y requerir un mayor compromiso por parte del cliente. En B2C, el ciclo de vida del producto suele ser más corto y requerir menos compromiso por parte del cliente.

Relación con el cliente

En B2B, la relación con el cliente suele ser más duradera y personalizada debido al mayor compromiso del cliente y al tamaño de los pedidos. En el enfoque B2C, la relación con el cliente suele ser más transaccional y menos personalizada.

En el enfoque B2B, el proceso de *product management* puede requerir un mayor enfoque en la investigación y el análisis a causa de la complejidad del mercado y el proceso de decisión de compra. También puede ser necesario un mayor énfasis en la relación con el cliente y en la personalización del producto y, desde el punto de vista de la estrategia de *marketing,* puede hacer falta un enfoque más técnico y especializado debido a la naturaleza del producto y al proceso de decisión de compra más complejo. Generalmente, es necesario un mayor énfasis en la relación con el cliente y en la personalización del mensaje de *marketing*.

En el enfoque B2C, el proceso de *product management* puede requerir un mayor enfoque en la creatividad y la innovación debido al ciclo de vida más corto del producto y al mercado más competitivo. Y, generalmente, es necesario un mayor énfasis en la promoción y en la comunicación con el consumidor final. La estrategia de *marketing* puede necesitar un enfoque más creativo y atractivo debido a la naturaleza del producto y al mercado más competitivo, y suele ser imprescindible un mayor énfasis en la promoción y en la comunicación con el consumidor final.

EJERCICIO 5: « EL ENEMIGO INESPERADO »

Siguiendo la línea anterior de ejercicios, en esta ocasión tenemos que crear una encuesta que pueda ayudarte a conocer mejor a tus actuales o potenciales clientes, teniendo en cuenta los dos enfoques mencionados, B2C y B2B. En la siguiente página dejo alumnos ejemplos que pueden servirte como guía.

Netflix

1. ¿Cuánto tiempo ha sido usuario de Netflix?

2. ¿Cuáles son sus programas o películas favoritas en Netflix?

3. ¿Cómo calificaría la calidad de la imagen y el sonido en Netflix?

4. ¿Cómo calificaría la selección de contenido en Netflix?

5. ¿Ha experimentado algún problema técnico al usar Netflix? ¿Cómo fue resuelto?

6. ¿Qué tipo de contenido le gustaría ver en Netflix en el futuro?

7. ¿Está interesado en recibir recomendaciones personalizadas de contenido en Netflix?

8. ¿Está interesado en utilizar funciones adicionales de Netflix, como la posibilidad de descargar contenido para verlo sin conexión?

Amazon

1. ¿Cuánto tiempo ha sido usuario de Amazon?

2. ¿Qué tipo de productos suele comprar en Amazon?

3. ¿Cómo calificaría la experiencia de compra en Amazon?

4. ¿Cómo calificaría la rapidez y eficiencia del servicio de entrega de Amazon?

5. ¿Ha experimentado algún problema con algún producto adquirido en Amazon? ¿Cómo fue resuelto?

6. ¿Qué mejoras sugeriría para la plataforma de Amazon?

7. ¿Está interesado en utilizar servicios adicionales de Amazon, como Prime Video o Amazon Music?

8. ¿Está interesado en recibir recomendaciones personalizadas de productos en Amazon?

Microsoft

1. ¿Qué sistema operativo utiliza?

2. ¿Cuál es su principal motivo para utilizar los productos de Microsoft?

3. ¿Cómo calificaría la facilidad de uso de los productos de Microsoft?

4. ¿Cómo calificaría el rendimiento de los productos de Microsoft?

5. ¿Qué productos de Microsoft utiliza con más frecuencia?

6. ¿Ha experimentado algún problema técnico con los productos de Microsoft? ¿Cómo fue resuelto?

7. ¿Qué mejoras sugeriría para los productos de Microsoft?

8. ¿Está interesado en recibir información sobre futuros productos de Microsoft?

IBM

1. ¿En qué industria trabaja?

2. ¿Qué soluciones de IBM utiliza actualmente?

3. ¿Cómo calificaría la eficacia de las soluciones de IBM en su empresa?

4. ¿Qué desafíos en su industria le gustaría ver abordados por las soluciones que ofrece IBM?

5. ¿Ha experimentado algún problema técnico con las soluciones de IBM? ¿Cómo fue resuelto?

6. ¿Qué mejoras sugeriría para las soluciones de IBM?

7. ¿Está interesado en recibir información sobre futuras soluciones de IBM?

8. ¿Está interesado en recibir consultoría y asistencia para maximizar el uso de las soluciones de IBM en su empresa?

Ejercicio 5

Ejercicio 5

Go

`fmt.Println("Hello World")`

NIVEL 3
CONSTRUIR LA ESTRUCTURA ADECUADA

CONVERTIR ÁREAS FUNCIONALES EN MULTIFUNCIONALES

El éxito de un producto depende en gran medida de la sinergia y la colaboración entre estos dos o más equipos clave. Establecer objetivos claros y plazos realistas, proporcionar al equipo de desarrollo toda la información necesaria para que puedan completar el trabajo de manera efectiva y trabajar con el equipo de *marketing* y finanzas para promocionar y vender el producto de manera eficaz y cumplir con todas las regulaciones que puedan impedirnos escalar son los pilares fundamentales del trabajo de un *product manager*.

Hay muchos tipos de estructuras y una de las más comunes es que sean funcionales, es decir, tener al personal dividido en áreas como: tecnología, *marketing*, finanzas, compras, ventas, operaciones etc. Aunque si bien no recomiendo esta estructura por ser la habitual en la mayoría de las empresas, nos sirve como ejemplo para entender cómo relacionarse y colaborar transversalmente con ellas para lograr los objetivos de producto.

En este tipo de estructuras, cada área funcional suele estar liderada por un director de área, un *chapter* o un líder especialista, que tendrá sus objetivos y resultados clave y tendrá que organizar sus prioridades, así como lo tendrás que hacer tu con tu equipo.

Es por esto por lo que es tan importante tener OKR definidos a nivel global en la compañía y que cada área tenga sus objetivos alineados entre sí, de esta manera te será muy sencillo colaborar, ya que, si están bien definidos los OKR y correctamente comunicados, el hecho de que un área cumpla los suyos debería «en parte» ayudarte a ti a cumplir los tuyos.

En mi experiencia, la manera menos arriesgada de trabajar entre las áreas, es forzar que los eslabones que forman parte de cada equipo colaboren entre sí para producir los resultados esperados, haciendo que el equipo desarrollo pueda comunicarse de forma libre y sin intermediarios con cada uno de los equipos de la compañía; tu rol será colaborar para que esto suceda, mediando para negociar, facilitar o ayudar a desbloquear tareas cuando haga falta.

Como mencioné antes, la estructura funcional «funciona», aunque no es la ideal. Una estructura por células, tribus, *squads* o equipos multidisciplinarios es hoy en día la que más resultados ha dado a las compañías, creando equipos multifacéticos, autónomos y totalmente independientes unos de otros, de manera que haya un especialista para cada necesidad que se tenga que cubrir, basándose en los objetivos planteados para este equipo; es decir, que este tipo de equipos busca tener una amplia rotación de sus miembros según sus objetivos.

Por ejemplo, si tenemos como objetivo tener un incremento del 2 % en el ratio de conversión, tenemos que crear un equipo de especialistas en todas las áreas en las que necesitemos músculo operacional y decisorio.

Este tipo de estructuras nos permite liberarnos de la presión de tener objetivos para cada una de nuestras áreas, de manera que toda la empresa se ajusta a los objetivos que necesita cumplir cada trimestre y no al revés, donde muchas veces quedan áreas sin objetivos claros y otras sobrecargadas y sin recursos.

EQUIPOS DE DESARROLLO DE PRODUCTO

Aunque como PM tendrás una relación *cross-functional* con toda la compañía, la relación será mucho más estrecha con el equipo de desarrollo de producto, al que tendrás que liderar de forma directa:

Establece objetivos claros y específicos para el proyecto

Es importante que ambos equipos tengan una comprensión clara y precisa de lo que se espera del proyecto y de cómo contribuye a los objetivos empresariales a largo plazo.

Establece plazos y presupuestos realistas y razonables

Es fundamental que ambos equipos estén de acuerdo sobre los plazos y presupuestos asignados al proyecto y que sean realistas y razonables. Es mejor establecer plazos y presupuestos ligeramente más amplios y conservadores, en lugar de apretados y ambiciosos, ya que esto puede llevar a la sobrecarga del equipo y a retrasos indeseados.

Proporciona al equipo de desarrollo toda la información necesaria

Asegúrate de proporcionar al equipo de desarrollo toda la información necesaria para que puedan completar el trabajo de manera efectiva. Esto incluye detalles técnicos y de características del producto, así como cualquier otra información relevante que pueda ser necesaria para completar el proyecto de manera eficiente.

Mantén una comunicación abierta y regular

Mantener una comunicación abierta y regular con el equipo de desarrollo para asegurarte de que se está progresando de manera adecuada y para resolver cualquier problema o dificultad que pueda surgir será parte de tu día a día, y debes asegurarte de que existe un flujo de información constante. Esto puede incluir reuniones regulares de seguimiento, informes de progreso y cualquier otra forma de comunicación que sea adecuada para el proyecto.

Ser flexible y estar dispuesto a hacer ajustes

La mayoría de las veces surgirán imprevistos o cambios en el proyecto que pueden afectar a los plazos y presupuestos. Es importante ser flexible y estar dispuesto a hacer ajustes en el proceso si es necesario, siempre y cuando no se comprometa la calidad del producto final.

RELACIÓN CON EQUIPOS DE
MARKETING Y VENTAS

Dependiendo que tipo de equipo tengas que liderar, trabajar con el equipo de *marketing* o liderar un equipo de *marketing* y ventas puede ser muy habitual para un PM, de forma muy similar a coordinar las tareas de un equipo de desarrollo debes asegurarte de que las acciones sean coordinadas entre los equipos:

Establece una estrategia de *marketing* clara y sólida

Es importante tener una estrategia de *marketing* clara y sólida para promocionar y vender el producto de manera efectiva. Esta estrategia debe incluir un plan detallado sobre cómo se van a promocionar y vender el producto, quiénes son los clientes objetivo y cómo se va a llegar a ellos. Si tú no eres el encargado de crear esta estrategia, debes asegurarte de que exista una y se haya comunicado entre las áreas.

Trabaja con el equipo de *marketing* para desarrollar una campaña de lanzamiento

El lanzamiento de un nuevo producto es una oportunidad clave para atraer a los clientes potenciales y promocionar el producto de manera efectiva. Trabaja con el equipo de *marketing* para desarrollar una campaña de lanzamiento sólida que incluya una combinación de tácticas de *marketing*, como publicidad en línea, redes sociales, eventos y promociones.

Es aquí donde el PM en coordinación con el equipo de desarrollo y de *marketing* tienen que ser creativos y unificar su potencial para crear estrategias de PLG, Growth Hacking, etc., donde tendrán que intervenir de manera activa ambos equipos.

Proporciona al equipo de *marketing* toda la información necesaria sobre el producto

Es fundamental que el equipo de *marketing* tenga una comprensión completa del producto y de sus características y beneficios. Proporciona al equipo la información necesaria para que puedan promocionar el producto de manera efectiva.

Una práctica que me resultó muy eficaz es hacer pequeñas *demos* de todas las funcionalidades, modificaciones y correcciones que se le hacen al producto al finalizar cada *sprint* y comunicarlas a todos los equipos de la compañía, de esta manera, el equipo de *marketing* siempre encontraba una oportunidad para promocionar alguna de ellas que no se tuvo en cuenta en el momento de su definición y desarrollo.

EJERCICIO 6: « UN VIEJO CONOCIDO »

De acuerdo con las estructuras que he mencionado como recomendadas para la creación de equipos de producto, y basándote en tus OKR, crea un equipo multidisciplinario definiendo cuáles son los roles que deberían integrarlo para cumplir los objetivos planteados. En la siguiente página dejo unos ejemplos que pueden servirte como guía.

Ejemplo de estructuras descentralizadas y autónomas

Líder de equipos: *Product manager*

Equipo 1:
>*Product owner*
>Scrum Master
>Líder técnico
>Desarrollador Backend
>Desarrollador Frontend
>UX
>Analista de *Marketing*
>Diseñador

Equipo 2:
>*Product owner*
>Customer success
>Analista de datos
>Especialista de canal

Equipo 3:
>*Product owner*
>Copywriter
>Especialista en SEO
>Diseñador

Ejercicio 6

CICLO DE VIDA DEL PRODUCTO

En el mundo de la gestión de productos, el ciclo de vida de un producto se refiere a las diferentes etapas por las que pasa desde su concepción hasta su eventual descontinuación. Se puede dividir en cuatro etapas principales:

Idea

Es la primera etapa en la que se tiene una idea o una necesidad que se cree que los clientes estarían interesados en comprar. En esta etapa, se hace una investigación de mercado para comprender la problemática y validar la idea, se identifica al mercado meta y se busca una solución que cumpla con las necesidades del cliente.

Lanzamiento

En esta fase se construye un MVP (producto mínimo viable) con el objetivo de lanzarlo al mercado para obtener retroalimentación del mismo. Es importante realizar una campaña de lanzamiento adecuada para generar conocimiento y atraer a los primeros clientes.

Crecimiento

Si la idea es validada y el MVP tiene éxito, entonces se entra en la etapa de crecimiento. En esta etapa, el producto se convierte en un producto rentable y se busca expandirse en otros mercados. Se intenta escalar el producto y se buscan formas de mejorarlo para cumplir mejor con las necesidades del cliente.

Declive

Todos los productos tienen un ciclo de vida, y finalmente el producto alcanzará su declive. Es importante en esta etapa detectar los signos de declive para poder tomar medidas, como renovar el producto o descontinuarlo.

En resumen, el ciclo de vida de un producto es un proceso continuo de aprendizaje y mejora, centrado en el cliente y que requiere de una estrategia para llevarlo a cabo.

UN ENFOQUE GENERAL PARA TODAS LAS ETAPAS

Como te habrás dado cuenta, el ciclo de vida de un producto está íntimamente relacionado con el concepto Lean, y podemos usar un enfoque ágil para el desarrollo de productos que se basa en la iteración continua y en el aprendizaje a medida que se avanza o evoluciona un producto, sin importar cuál sea la etapa en la que nos encontramos.

En lugar de seguir un plan estricto, el enfoque ágil se centra en la flexibilidad y en la capacidad de adaptarse a los cambios a medida que se avanza en el desarrollo:

Planificación

Es la etapa inicial en la que se establecen los objetivos y metas del proyecto. Se investiga el mercado y se identifica al público meta para poder definir las necesidades y requerimientos del producto.

Diseño y construcción

Se construye una versión inicial del producto conocida como MVP (producto mínimo viable) según los requerimientos previamente establecidos, buscando el equilibrio entre la funcionalidad y la velocidad de desarrollo. Recuerda que un MVP no se refiere necesariamente al lanzamiento de un nuevo producto, podemos iterar partes de nuestro producto con nuevos conceptos que sean muy complejos y que para probar si funcionan necesitemos implementar el mismo concepto iterativo, fragmentando el producto en varios MVP.

Pruebas

En esta etapa se hacen pruebas con el MVP con el objetivo de recolectar retroalimentación de los clientes o usuarios. Esta se utiliza para mejorar el producto y para planificar las siguientes versiones. Estas pruebas son comúnmente llamadas «pruebas A/B» o «experimentos», que resultan ser pequeñas modificaciones al producto para corroborar posibles hipótesis.

Iteraciones

El proceso no termina con el lanzamiento, sino que se repite en una serie de iteraciones, en las cuales se utiliza la retroalimentación para mejorar y escalar el producto.

FOMENTANDO UNA CULTURA DE INNOVACIÓN

Una cultura de innovación es un entorno en el que los empleados se sienten motivados y capacitados para buscar nuevas soluciones y oportunidades, y donde las ideas innovadoras son reconocidas y apoyadas.

La innovación puede provenir de cualquier lugar dentro de la empresa, y es importante que los líderes establezcan un ambiente que permita y fomente la creatividad y el pensamiento fuera de la caja. Esto incluye la promoción de una mentalidad de aprendizaje, la creación de un entorno de colaboración, la valoración y recompensa no, y la fomentación de una diversidad de perspectivas y enfoques.

Fomentar una cultura de innovación no solo ayuda a mejorar los procesos internos y aumentar la eficiencia, sino que también puede llevar a la creación de nuevos productos y servicios que pueden impulsar el crecimiento y la expansión de la empresa. En este sentido, fomentar una cultura de innovación puede ser un factor clave en la consecución de un futuro próspero y sostenible para la empresa.

Establecer una cultura de innovación

Para gestionar el cambio y lidiar con el fracaso de manera efectiva, es importante establecer una cultura en la empresa que fomente la innovación y el riesgo calculado. Esto puede incluir la creación de un equipo de innovación dedicado, la promoción de una mentalidad de «fracaso rápido y aprendizaje rápido» y la creación de un entorno de trabajo que fomente la creatividad y la colaboración.

Establecer un proceso de innovación

Es importante establecer un proceso de innovación sistemático y estructurado. Este proceso puede incluir la identificación de oportunidades de innovación, la generación de ideas, su evaluación y la implementación de las ideas seleccionadas. Establecer un proceso de innovación puede ayudar a garantizar que el tiempo y los recursos se inviertan de manera estratégica y a minimizar el riesgo de fracaso.

Establecer un plan de contingencia

Resulta primordial establecer un plan de contingencia que indique cómo se manejan los problemas inesperados o el fracaso del proyecto. Esto incluye la identificación de puntos de inflexión clave durante el proyecto, la creación de un plan de acción para manejar problemas inesperados y la definición de criterios para determinar cuándo es necesario abandonar el proyecto. Establecer un plan de contingencia puede ayudar a minimizar el impacto del fracaso y garantiza que el equipo esté preparado para manejar problemas inesperados.

El fracaso es una parte natural del proceso de innovación y no debe ser visto como una señal de debilidad. **En lugar de eso, es importante enfocarse en aprender de los fracasos y utilizar esos aprendizajes para mejorar en el futuro**. Al gestionar el cambio y lidiar con el fracaso de manera efectiva, puedes maximizar tus oportunidades de éxito y asegurar el triunfo a largo plazo de tu proyecto de innovación.

HACER PRODUCTO EN ORGANIZACIONES TRADICIONALISTAS

Una organización tradicionalista se caracteriza por tener un enfoque más conservador y tradicional en la toma de decisiones y en el funcionamiento diario. Esto puede afectar significativamente al proceso de *product management* y presentar desafíos específicos para el equipo de producto. Esto puede suponer una jerarquía de autoridad sólida, un enfoque en el cumplimiento de las normas y procedimientos establecidos, y una tendencia a resistirse al cambio y a las innovaciones.

Estos desafíos incluyen:

Dificultades para implementar cambios y nuevas ideas

Es más difícil implementar cambios y nuevas ideas debido a la resistencia al cambio y a la innovación.

Mayor tiempo y esfuerzo necesarios para tomar decisiones

Es más complejo tomar decisiones debido a la jerarquía de autoridad sólida y a la necesidad de seguir normas y procedimientos establecidos. Esto lleva a un proceso de toma de decisiones más lento y requiere más esfuerzo por parte del equipo de producto para convencer a los líderes de la empresa de la viabilidad de ciertas ideas o cambios.

Mayor resistencia para arriesgarse y probar cosas nuevas

Debido al enfoque más conservador de las organizaciones tradicionalistas, puede haber una mayor resistencia para arriesgarse y probar cosas nuevas, lo que puede dificultar la innovación y el desarrollo de nuevos productos.

Mayor énfasis en la estabilidad y la continuidad

Es común que en este tipo de organizaciones haya un mayor énfasis en la estabilidad y la continuidad, en lugar de la innovación y el cambio. Esto puede limitar las opciones del equipo de producto y dificultar la adaptación a los cambios en el mercado.

El proceso de *product management* en una organización tradicionalista presenta desafíos específicos debido a la resistencia al cambio y a la innovación, el tiempo y esfuerzo adicionales necesarios para tomar decisiones, la mayor resistencia a arriesgarse y probar cosas nuevas, y el mayor énfasis en la estabilidad y la continuidad.

ROADMAPS Y METODOLOGÍAS DE PRIORIZACIÓN

Para empezar, hagamos un breve repaso por las diferentes metodologías más comunes de priorización de tareas:

Los *roadmaps* u hojas de ruta son diagramas que se utilizan para representar la estructura y el flujo de un proyecto. Muestran las diferentes etapas y cómo estas se relacionan entre sí.

El diagrama de Gantt es un tipo de gráfico de barras que se utiliza para planificar y controlar proyectos. Muestra la duración de cada tarea y cómo se distribuye a lo largo del tiempo.

El modelo de desarrollo en cascada, también conocido como *waterfall*, es un modelo lineal en el que se siguen una serie de etapas secuenciales para completar un proyecto. Cada etapa se completa antes de pasar a la siguiente.

Todas estas herramientas tienen sus propias ventajas y desventajas y se deben utilizar en función del contexto y las necesidades específicas de cada proyecto. Por ejemplo, los *roadmaps* son útiles para representar el flujo de un proyecto, mientras que los diagramas de Gantt son útiles para planificar y controlar la duración de las tareas. El modelo de cascada es adecuado para proyectos con requisitos muy definidos y poco cambio, mientras que otras metodologías, como Scrum, son más adecuadas para proyectos con requisitos en constante cambio.

Veamos una tabla para identificar sus ventajas y desventajas:

Característica	*Roadmap*	Gantt	*Waterfall*
¿Qué es?	Una técnica de planificación visual que utiliza diagramas para representar tareas y dependencias entre ellas.	Una herramienta de planificación que muestra el progreso de proyectos a través del tiempo.	Un proceso secuencial de desarrollo de proyectos en el que cada fase se completa antes de avanzar a la siguiente.
¿Cuándo usar?	*Roadmap* es ideal para proyectos con muchas tareas interdependientes y puede ser útil al principio de un proyecto para planificar y organizar las tareas.	Gantt es útil para monitorear el progreso de un proyecto y puede ser utilizado a lo largo de todo su ciclo de vida.	*Waterfall* es adecuado para proyectos con requisitos bien definidos y puede ser utilizado cuando se sabe exactamente qué se necesita hacer y en qué orden.
Ventajas	Permite una visión clara y visual del proyecto y de cómo las tareas están relacionadas entre sí.	Muestra el progreso del proyecto de manera clara y permite ajustar el plan según sea necesario.	Es fácil de seguir y permite a los equipos trabajar de manera secuencial y enfocada.
Desventajas	Puede ser difícil predecir con precisión cuándo se completarán los objetivos a largo plazo.	Es difícil hacer cambios a medida que avanza el proyecto, ya que las tareas están interconectadas.	Es difícil hacer cambios a medida que avanza el proyecto, ya que cada fase del proyecto depende de la anterior.

Por lo general, al negociar con *stakeholders* siempre van a exigir fechas (*deadlines,* en inglés) tanto de «entregables» como de resultados. Si bien esto está cambiando gracias a las nuevas generaciones de gestión empresarial, sigue siendo habitual que tanto en las empresas innovadoras y *start-ups* como en las tradicionalistas te pidan fechas específicas de entregas.

Una práctica que es compatible con las necesidades de ambos mundos, el más tradicional de los *stakeholders* y el más innovador de equipos de desarrollo de productos, es tener *roadmaps* con los resultados esperados de los objetivos principales que se van a abordar, y no un *roadmap* definido de entregables de funcionalidades.

EJERCICIO 7: « UN PEQUEÑO DESAFÍO ANTES DE AVANZAR »

Teniendo definidos la visión, el propósito, los beneficios, los problemas, los resultados, tus OKR y tus equipos, es momento de planificar estos objetivos en un *roadmap* de acciones y resultados esperados que tus equipos puedan ser capaces de llevar adelante. Ten en cuenta que un *roadmap* debe tener sentido, dependencias, inicio y final para cada una de las acciones y tareas planteadas. En la próxima página encontrarás un ejemplo muy básico que puede ayudar como guía.

Objetivo 1

Aumentar el número de suscripciones en América Latina en un 15 % durante el primer semestre de 2024.

- **Acción 1:** lanzar campañas de *marketing* en redes sociales en Argentina, Brasil y México (*deadline:* finales de marzo de 2024).

- **Acción 2:** ofrecer un mes gratis a los nuevos suscriptores en América Latina (*deadline:* principios de abril de 2024).

- **Acción 3:** añadir contenido en español y portugués exclusivo para América Latina (*deadline*: finales de mayo de 2024).

Objetivo 2

Mejorar la experiencia del usuario en la plataforma en un 20 % durante el segundo semestre de 2024.

- **Acción 1:** implementar una nueva interfaz de usuario más intuitiva (*deadline:* principios de julio de 2024).

- **Acción 2:** añadir la opción de descargar contenido para verlo sin conexión (*deadline:* principios de agosto de 2024).

- **Acción 3:** mejorar la calidad del *streaming* en dispositivos móviles (*deadline:* finales de septiembre de 2024).

Recuerda que el objetivo de un *roadmap* orientado a resultados es tener una visión a largo plazo y establecer objetivos concretos y medibles para alcanzar esa visión.

Antes hablamos de la metodología OKR y ahora de *roadmaps*. Para unificar ambas, es necesario enfocar los objetivos y resultados clave (OKR) en el *roadmap*, esto implica identificar las acciones y tareas necesarias para alcanzar cada objetivo y resultado clave, y agregarlas a la hoja de ruta.

Un enfoque común es crear una lista de objetivos y resultados clave a nivel de empresa, y luego desglosarlos en objetivos y resultados clave a nivel de equipo y producto, los cuales deberían tener una serie de acciones y tareas asociadas en el *roadmap*.

Ten en cuenta que la metodología OKR se centra en la definición de objetivos y resultados a largo plazo y en la medición del progreso hacia ellos, mientras que el *roadmap* se centra en la planificación y ejecución de tareas a corto y medio plazo. Por lo tanto, debes equilibrar ambas metodologías y asegurarse de que el *roadmap* esté en línea con los objetivos y resultados clave de la empresa.

Si utilizamos uno de los OKR de Amazon para ver cómo es una definición de OKR, su correspondiente *roadmap* orientado a resultados sería algo así:

OKR n.º 1

Aumentar la satisfacción del cliente en un 20 % durante el próximo trimestre.

Acciones:

- Mejorar la experiencia de compra en línea. *Deadline:* fin de mes 1.

- Ofrecer una mejor selección de productos. *Deadline:* fin de mes 2.

- Mejorar la velocidad de entrega. *Deadline:* fin de mes 3.

- Ofrecer un mejor servicio al cliente. *Deadline:* fin de mes 4.

OKR n.º 2

Incrementar las ventas en un 30 % durante el próximo trimestre.

Acciones:

- Lanzar campañas de *marketing* en redes sociales. *Deadline:* fin de mes 1.

- Ofrecer promociones y descuentos. *Deadline:* fin de mes 2.

- Expandir la presencia en el mercado internacional. *Deadline:* fin de mes 3.

- Mejorar la visibilidad de los productos en la plataforma. *Deadline:* fin de mes 4.

Este es solo un ejemplo de cómo Amazon podría presentar sus OKR y su *roadmap* para alcanzarlos. La clave es tener objetivos claros y medibles, y un plan de acción detallado para lograrlos. Con la metodología OKR y un *roadmap* bien estructurado, Amazon podría asegurarse de que está en el camino correcto para alcanzar sus metas de negocio.

Ejercicio 7

Ada

```
Put_Line("Hello World");
```

NIVEL 4
CONSTRUIR EL APRENDIZAJE ADECUADO

MEDIR, ANALIZAR, DECIDIR

Mucho se habla últimamente sobre *data-driven*, que resume el concepto de crear una cultura de equipo que tome decisiones basadas en datos. Todos creemos hacerlo hasta que analizamos en detalle nuestras decisiones, y descubrimos un sinfín de microdecisiones basadas en suposiciones tanto propias como de terceros; opiniones que nos formamos basándonos en nuestra experiencia anterior, la cual fundamentamos en lo que fue y no en lo que es, y es ese ego el que nos hace avanzar sin comprobar fehacientemente nuestras opciones.

«El ego destruye tanto como la pereza», una frase un poco cursi, pero que se ha transformado en una verdad que puedo reafirmar cada día. No siempre tomamos decisiones sin datos por ego, sino también por la pereza que nos da realizar la investigación correspondiente cuando se trata de decisiones pequeñas, y esto se debe a no tener una cultura y un hábito de medir y analizar nuestras hipótesis, pero todo comienza cuando nos preguntamos a nosotros mismos: ¿puedo sustentar lo que estoy diciendo con datos?

Antes de profundizar más en este tema, creo que es fundamental mencionar cinco libros que estás obligado a leer si tu objetivo es estar al frente de un equipo de producto:

Web Analytics 2.0, de Avinash Kaushik, proporciona una guía detallada sobre cómo medir el rendimiento de un sitio web y utilizar esos datos para mejorar la experiencia del usuario y aumentar las conversiones.

Measuring the Networked Nonprofit, de Beth Kanter y Katie Paine, se enfoca en cómo las organizaciones sin ánimo de lucro pueden medir el impacto de sus esfuerzos en las redes sociales y utilizar esos datos para mejorar su estrategia.

Data-Driven: Creating a Data Culture, de Hilary Mason y DJ Patil, proporciona una guía para crear una cultura de datos en una empresa y utilizar esos datos para tomar decisiones informadas.

Digital Analytics Fundamentals, de Google Analytics Academy, es un libro gratuito que proporciona una introducción a las técnicas y herramientas utilizadas para medir el rendimiento de un sitio web.

Effective Data Storytelling, de Anil Maheshwari, se enfoca en cómo contar historias a través de datos para comunicar información de manera clara y persuasiva.

Podemos separar las **métricas** en dos grandes grupos: **cualitativas y cuantitativas.** Para entender estos dos grupos de métricas, podemos decir que las cuantitativas son aquellas que pueden ser medidas y expresadas en números, mientras que las cualitativas son aquellas que no pueden ser medidas numéricamente, sino que se basan en la calidad o la cualidad de algo.

Las métricas cuantitativas son útiles para medir el progreso y el rendimiento a lo largo del tiempo, ya que permiten realizar comparaciones y establecer objetivos numéricos. Algunos ejemplos de incluyen el número de ventas, el número de visitas al sitio web y el número de descargas de una aplicación.

Algunas de estas métricas son:

Conversion rate (CR)

Es el porcentaje de visitantes que realizan una acción específica en la plataforma, como completar un formulario de contacto o realizar una compra. Por ejemplo, en Amazon, la tasa de conversión sería el porcentaje de personas que realizan una compra en el sitio.

CR = (número de conversiones / número de visitas) × 100

Donde «conversiones» se refiere a la cantidad de veces que un usuario realiza una acción específica en su sitio web (como hacer una compra, completar un formulario, etc.) y «visitas», al número total de visitas al sitio web. El resultado se expresa como un porcentaje.

Cost per acquisition (CPA)

Es el coste en que la empresa incurre para adquirir un nuevo cliente. Por ejemplo, en Netflix, el CPA podría ser el dinero gastado en publicidad para atraer nuevos suscriptores.

CPA = coste total de la campaña / número de conversiones

Donde «coste total de la campaña» se refiere al dinero gastado en la campaña publicitaria o de *marketing* (incluyendo anuncios, personalización de la página de destino, etc.), y «número de conversiones» hace referencia a la cantidad de veces que un usuario realiza una acción específica en su sitio web (hacer una compra, rellenar un formulario, etc.). El resultado se expresa en moneda.

Customer lifetime value (CLV): es el valor total que un cliente le genera a la empresa a lo largo de su relación con ella. Por ejemplo, en IBM, el CLV podría ser el dinero que un cliente le paga a la empresa por el uso de sus servicios de tecnología a lo largo de varios años.

CLV = (promedio de ingresos por cliente) × (número de transacciones por año) × (años de vida del cliente)

Donde «promedio de ingresos por cliente» se refiere al ingreso promedio generado por un cliente individual en un periodo de tiempo específico, «número de transacciones por año» hace referencia a la cantidad de transacciones que un cliente realiza en un año, y «años de vida del cliente» alude a la cantidad de tiempo que un cliente espera seguir comprando de la empresa. El resultado se expresa en moneda.

Por supuesto, hay cientos y cientos de métricas, tantas como quieras definir en tu producto. Por lo general, cada funcionalidad debe tener asociada una forma de medición cuantitativa para ayudarte a comprender la importancia que le brinda a tu producto.

Por otro lado, las métricas cualitativas son más difíciles de medir y analizar, ya que se basan en la calidad y no en la cantidad. Algunos ejemplos de métricas cualitativas incluyen la satisfacción del cliente, la calidad del servicio al cliente y la experiencia del usuario. Estas métricas son útiles para obtener una comprensión más profunda y detallada de las necesidades y preferencias de los clientes.

Net promoter score (NPS)

Es una medida de la lealtad del cliente hacia la empresa. Se calcula preguntando a los clientes en qué medida recomendarían la empresa a otras personas. Por ejemplo, en Microsoft, el NPS podría ser el resultado de preguntar a los usuarios de sus productos si recomendarían Microsoft a sus amigos o familiares.

La fórmula para calcular el NPS es:

NPS = (% de promotores) - (% de detractores)

Donde «% de promotores» se refiere al porcentaje de clientes que responden con un 9 o 10 y «% de detractores» alude al porcentaje que da una puntuación de 0 a 6. El resultado es un número entre -100 y 100. Las puntuaciones más altas indican una mayor satisfacción y lealtad del cliente, mientras que las más bajas indican lo contrario.

Customer satisfaction (CSAT)

Es una medida de la satisfacción del cliente con el producto o servicio de la empresa. Por ejemplo, en Amazon, el CSAT podría ser el resultado de preguntar a los clientes sobre su satisfacción con la experiencia de compra en el sitio.

La fórmula para calcular el CSAT es:

CSAT = (número de respuestas satisfactorias) / (número total de respuestas) × 100

Donde «número de respuestas satisfactorias» se refiere al número de clientes que responden con una calificación alta (por ejemplo, 4 o 5) y «número total de respuestas» alude al número total de clientes que responden a la encuesta. El resultado es un porcentaje. Una puntuación alta de CSAT indica una alta satisfacción del cliente, mientras que un puntaje bajo indica la situación contraria.

User experience o customer behavior: es una medida de la experiencia del usuario con el producto o servicio de la empresa. Por ejemplo, en Netflix, la UX podría ser la facilidad con la que un usuario encuentra y reproduce contenido en la plataforma.

El análisis de la experiencia de usuario (UX) es un proceso complejo que involucra la recopilación y el análisis de datos sobre cómo los usuarios interactúan con un producto o servicio. Hay varias técnicas y herramientas que se pueden utilizar para analizar la UX, algunas de las cuales son:

- **Encuestas de satisfacción del usuario:** a los usuarios se les pide que respondan preguntas sobre su experiencia con el producto o servicio.

- **Pruebas de usuario:** se les pide que realicen tareas específicas utilizando el producto o servicio, mientras que un observador registra sus acciones y comentarios.

- **Análisis de uso:** se recopilan datos sobre cómo los usuarios interactúan con el producto o servicio, como el tiempo que pasan en ciertas páginas o los botones que presionan.

- **Entrevistas de usuario:** se realizan entrevistas en profundidad con los usuarios para obtener una comprensión más detallada de sus experiencias y necesidades.

- **Análisis de sentimiento:** se analizan las opiniones y comentarios de los usuarios en las redes sociales, foros y otros medios para obtener una idea general de sus experiencias.

EL VALOR DE LAS MÉTRICAS CUALITATIVAS SOBRE LAS CUANTITATIVAS

Algo que he repetido mucho a lo largo de mi carrera es que el talento de los *product owners* como de los *product managers* se ve en la interpretación de las métricas, y justamente las métricas cualitativas son las más difíciles de interpretar, ya que están contaminadas por infinidad de contextos diferentes y es ahí donde la experiencia, el talento, la intuición y mucho, mucho, trabajo duro marcan la diferencia entre los productos.

ALGUNOS EJEMPLOS DE CÓMO ALGUNAS COMPAÑÍAS UTILIZAN MÉTRICAS CUALITATIVAS PARA MEJORAR SUS PRODUCTOS

Amazon utiliza métricas cualitativas, como las reseñas de los clientes, que le permiten entender las necesidades y problemas de sus compradores de manera más profunda y enfocarse en solucionarlos.

IBM utiliza entrevistas y grupos focales con sus clientes para obtener información valiosa sobre cómo utilizan sus productos y qué problemas encuentran. Esta retroalimentación cualitativa ha sido crucial para mejorar la calidad de sus productos y adaptarse a las necesidades de sus clientes.

Microsoft utiliza técnicas como el análisis de tasa de abandono y el seguimiento del uso del producto, para entender cómo los clientes interactúan con sus productos. Esto le ha permitido identificar problemas y oportunidades de mejora que de otra manera podrían haber pasado desapercibidos.

Netflix utiliza métricas cualitativas, como la satisfacción del cliente y la lealtad, para entender cómo están funcionando sus contenidos y cómo pueden mejorar la experiencia del usuario. Esto le ha permitido adaptarse a los cambios en los gustos y preferencias de sus clientes y mantenerse como líder en el mercado.

Las métricas cualitativas son especialmente valiosas porque nos permiten obtener una comprensión más profunda de las necesidades y problemas de nuestros clientes y nos brindan la oportunidad de adaptarnos y mejorar en consecuencia.

Ten en cuenta que tanto las métricas cuantitativas como las cualitativas son importantes y deben utilizarse de manera complementaria para obtener una visión completa de cómo está funcionando nuestro producto.

MÉTRICAS DE VANIDAD Y DE ÉXITO

Las métricas de vanidad son aquellas que suelen ser fáciles de medir y suelen generar una sensación de éxito, pero que no necesariamente indican el éxito real del producto o de una campaña. Por ejemplo, el número de seguidores o de visitas a una página web puede ser una métrica de vanidad, ya que puede generar una sensación de popularidad, pero no necesariamente indica que el producto esté siendo un éxito en términos de generar ingresos o de cumplir con las necesidades del cliente.

Por otro lado, las métricas de éxito son aquellas que realmente indican el rendimiento y el éxito del producto o de una campaña. Por ejemplo, el número de clientes activos o el ingreso generado por el producto son métricas de éxito, ya que indican que el producto está consiguiendo generar ingresos y cumplir con las necesidades del cliente.

Es importante no confundirse con las métricas de vanidad y concentrarse en las métricas de éxito porque realmente indican el rendimiento de un producto o campaña.

Como he mencionado, cada funcionalidad, cada botón y cada comportamiento de tu producto debe tener asociada una métrica que sea lo suficientemente clara para conocer su rendimiento. Habitualmente, este tipo de métricas deben compararse y verse siempre con las métricas de conversión asociadas.

Por ejemplo, si necesitamos medir la funcionalidad de búsqueda de productos de un *e-commerce*, podríamos utilizar la siguiente lista de métricas:

Tasa de clics en el botón de búsqueda

La fórmula para la tasa de clics en el botón de búsqueda se puede calcular como el número de clics en el botón de búsqueda dividido por el número total de visitas a la página y multiplicado por 100 para obtener un porcentaje.

Tasa de clics en el botón de búsqueda = (Número de clics en el botón de búsqueda / Número total de visitas a la página) * 100

Tasa de abandono de búsqueda

La tasa de abandono de búsqueda se puede calcular como el número de usuarios que comenzaron una búsqueda en la página y abandonaron antes de encontrar lo que estaban buscando, dividido por el número total de búsquedas iniciadas y multiplicado por 100 para obtener un porcentaje.

Tasa de abandono de búsqueda = (Número de búsquedas abandonadas / Número total de búsquedas iniciadas) * 100

Tasa de éxito de búsqueda

La tasa de éxito de búsqueda se puede calcular como el número de usuarios que encontraron lo que estaban buscando en una búsqueda, dividido por el número total de búsquedas iniciadas y multiplicado por 100 para obtener un porcentaje.

Tasa de éxito de búsqueda = (Número de búsquedas con éxito / Número total de búsquedas iniciadas) * 100

Tasa de conversión de búsqueda

La tasa de conversión de búsqueda se puede calcular como el número de usuarios que completaron una acción deseada, por ejemplo en el caso del e-commerce que hayan efectuado la compra del producto encontrado a través de la búsqueda, dividido por el número total de búsquedas iniciadas y multiplicado por 100 para obtener un porcentaje.

Tasa de conversión de búsqueda = (Número de conversión después de búsqueda / Número total de búsquedas iniciadas) * 100

Para la funcionalidad del carrito o cesta de compra:

Tasa de abandono del carrito

La tasa de abandono del carrito se puede calcular como el número de usuarios que agregaron productos a su carrito de compras y luego abandonaron sin completar la compra, dividido por el número total de carritos iniciados y multiplicado por 100 para obtener un porcentaje.

Tasa de abandono del carrito = (Número de carritos abandonados / Número total de carritos iniciados) * 100

Tasa de conversión del carrito

La tasa de conversión del carrito se puede calcular como el número de usuarios que completaron una compra después de agregar productos a su carrito de compras, dividido por el número total de carritos iniciados y multiplicado por 100 para obtener un porcentaje.

Tasa de conversión del carrito = (Número de compras completadas / Número total de carritos iniciados) * 100

Promedio de productos en el carrito

El promedio de productos en el carrito se puede calcular como el número total de productos agregados a los carritos de compras dividido por el número total de carritos iniciados.

Promedio de productos en el carrito = Número total de productos agregados / Número total de carritos iniciados

Promedio del valor del carrito

El promedio del valor del carrito se puede calcular como el valor total de todos los carritos de compras dividido por el número total de carritos iniciados.

Promedio del valor del carrito = Valor total de los carritos / Número total de carritos iniciados

¿CÓMO UTILIZAR MÉTRICAS Y DATOS PARA MEDIR EL ÉXITO DE TU PRODUCTO?

Aunque el lanzamiento de un producto es un momento emocionante, es importante recordar que el proceso de *product management* no termina una vez que se hace el lanzamiento. En lugar de eso, es importante estar atentos a los resultados y a las necesidades del mercado y estar dispuestos a hacer ajustes en consecuencia.

Usar métricas de adopción

Miden el número de usuarios que utilizan el producto y la frecuencia con la que lo usan. Algunas métricas de adopción comunes incluyen el número de usuarios únicos, el número de sesiones de usuario y el tiempo promedio que un usuario pasa utilizando el producto. Estas métricas pueden ayudar a medir el éxito del producto en términos de su atractivo y usabilidad para los clientes.

Usar métricas de rendimiento

Miden el rendimiento del producto y cómo se compara con los objetivos de negocio. Algunas métricas de rendimiento comunes incluyen el retorno sobre la inversión (ROI), el coste por adquisición de cliente (CAC) y el tiempo de retorno (TR). Estas métricas pueden ayudar a medir el éxito del producto en términos de su contribución al negocio y su rentabilidad.

Usar métricas de satisfacción del cliente

Miden el nivel de satisfacción del cliente con el producto y cómo se compara con los objetivos de la empresa. Algunas métricas de satisfacción del cliente comunes son el índice de satisfacción del cliente (CSAT) y el índice de lealtad del cliente (CLV). Estas métricas pueden ayudar a medir el éxito del producto en términos de su valor para el cliente y su potencial para fidelizarlo.

Ajustar el producto

Si los resultados muestran que el producto no está cumpliendo con las expectativas del mercado o de los clientes, es posible que sea necesario hacer ajustes en el producto para mejorar su rendimiento y su valor para el cliente. Estos ajustes pueden incluir la adición de nuevas características, la mejora de características existentes o la eliminación de características poco usadas.

Ajustar la estrategia de *marketing*

Si la estrategia de *marketing* no está generando el impacto deseado, es posible que sea necesario hacer ajustes para mejorar su efectividad. Estos pueden ser cambios en el mensaje de *marketing*, en la segmentación del mercado o en el canal de distribución utilizado.

Ajustar la estrategia de precios

Si los resultados muestran que el producto no está generando el ingreso deseado, es posible que sea necesario hacer ajustes en la estrategia de precios. Por ejemplo, cambios en el precio del producto, en los descuentos ofrecidos o en la estructura de precios utilizada.

Ajustar el enfoque de *product management*

Estos ajustes pueden incluir cambios en la forma en que se establecen los objetivos del producto, en la forma en que se priorizan las características del producto o en la forma en que se involucra al equipo de producto en el proceso de toma de decisiones.

Hacer ajustes en el producto, la estrategia de *marketing* y el enfoque de *product management* es un proceso continuo y es necesario estar atentos a los resultados y a las necesidades del mercado para poder hacer los ajustes necesarios. Al hacer ajustes estratégicos basados en datos y métricas, puedes mejorar el rendimiento del producto y maximizar su valor para el cliente.

No he querido hacer hincapié en las herramientas que necesitas porque es muy propio de cada empresa, pero las más comunes para medir el rendimiento de un producto son Google Analytics, Mixpanel, Amplitude, Segment, Tableau y Periscope, entre muchas otras. Estas herramientas permiten recopilar y analizar datos sobre el tráfico del sitio web, el comportamiento de los usuarios y las métricas clave de conversión.

También hay herramientas especializadas para medir el rendimiento de funcionalidades específicas, como el chat en vivo o las encuestas de satisfacción del cliente. Además, muchas empresas utilizan herramientas de seguimiento de errores y monitoreo de rendimiento para medir el comportamiento del producto en tiempo real y detectar problemas rápidamente.

EJERCICIO 8: « A PASO DE GIGANTES »

Si has completado los ejercicios, deberás tener un *roadmap* orientado a resultados en base a tus OKR. En este ejercicio debes intentar crear al menos tres métricas cualitativas y cinco cualitativas que te ayuden a identificar el rendimiento de tu producto. En la siguiente página he creado algunos ejemplos que pueden servirte como guía.

Netflix

- **Métricas cualitativas:**

  1. Calidad del contenido (basado en la opinión de los espectadores)
  2. Facilidad de navegación en la plataforma
  3. Calidad de la interfaz de usuario

- **Métricas cuantitativas:**

  1. Número de suscriptores
  2. Número de horas de contenido visto en total
  3. Número de nuevos contenidos agregados al mes
  4. Número de reproducciones de cada contenido
  5. Ingresos generados por la suscripción

IBM

- **Métricas cualitativas:**

  1. Nivel de satisfacción de los clientes con el servicio al cliente
  2. Calidad de la atención al cliente
  3. Calidad de las soluciones de tecnología

- **Métricas cuantitativas:**

  1. Ingresos generados por la venta de servicios de consultoría
  2. Número de clientes
  3. Número de patentes registradas
  4. Número de empleados
  5. Número de contratos de servicios de consultoría firmados

Microsoft

- **Métricas cualitativas:**

  1. Facilidad de uso de los productos
  2. Calidad de la atención al cliente
  3. Innovación en los productos

- **Métricas cuantitativas:**

  1. Número de usuarios de Windows
  2. Número de descargas de aplicaciones de la tienda de aplicaciones
  3. Ingresos generados por la venta de licencias de *software*
  4. Número de empleados
  5. Número de patentes registradas

Amazon

- **Métricas cualitativas:**

    1. Calidad del servicio al cliente
    2. Rapidez en el envío de los productos
    3. Calidad de la experiencia de compra en línea

- **Métricas cuantitativas:**

    1. Número de pedidos de productos en línea
    2. Ingresos generados por la venta de productos en línea
    3. Número de productos en inventario
    4. Número de empleados
    5. Número de productos agregados al catálogo al mes

Ejercicio 8

Ejercicio 8

Haskell

```
main = putStrLn "Hello World"
```

NIVEL 5

DESENLACE

CREAMOS EXPERIENCIAS QUE SOLUCIONAN PROBLEMAS

Desde la estrategia hasta la ejecución estamos presentes en cada eslabón de la cadena de valor de creación de un producto o servicio; ¡qué mayor satisfacción y razón suficiente para convertirnos en *product managers*!

Es una carrera altamente desafiante y emocionante que requiere un conjunto único de habilidades y conocimientos. Aunque el camino hacia el *product management* puede ser difícil, especialmente para aquellos con un perfil muy técnico, como los programadores, diseñadores y otras especialidades, creo que ha quedado evidenciado en este libro que es posible realizar esta transición y que, de hecho, es un proceso natural en el crecimiento profesional de un especialista.

A través de la definición de estrategias y enfoques sólidos, la participación activa de los clientes y la colaboración efectiva con el equipo de desarrollo y *marketing*, puedes convertirte en un PM exitoso y hacer que tus productos triunfen.

En este libro he intentado destacar la importancia de medir y ajustar constantemente el éxito del producto, así como la creación de una cultura de innovación en el equipo de producto.

Con estas habilidades y conocimientos en tu arsenal, estás en una posición excelente para convertirte en un líder efectivo.

A medida que avances tu carrera hacia el *product management*, recuerda la importancia de colaborar con el equipo de desarrollo y de *marketing*, así como de liderar y fomentar una cultura de innovación. En términos de consejos para seguir avanzando en este campo, te recomiendo buscar oportunidades de aprendizaje continuo y que te mantengas actualizado en las últimas tendencias y herramientas de tu puesto. También es importante buscar mentores y modelos a seguir, ya sea a través de la participación en grupos de discusión o de la búsqueda de oportunidades que desafíen tus habilidades y conocimientos.

Con dedicación y una actitud de aprendizaje constante, estoy seguro de que tendrás éxito en tu carrera como *Product Manager*.

Product management

"Hello User"

* 9 798373 732215 *